中外科学家的故事

张 潜 编

吉林人民出版社

图书在版编目（CIP）数据

中外科学家的故事 / 张潜编. — 长春：吉林人民出版社，2010.10（2021.3重印）
（青少年探索文库）
ISBN 978-7-206-07053-2

Ⅰ.①中… Ⅱ.①张… Ⅲ.①科学家－生平事迹－世界－青少年读物 Ⅳ.①K816.1-49

中国版本图书馆CIP数据核字(2010)第192072号

中外科学家的故事

编　者：张　潜
责任编辑：郝晨宇
吉林人民出版社出版（长春市人民大街7548号　邮政编码：130022）
印　刷：三河市燕春印务有限公司
开　本：700mm×970mm　1/16
印　张：13　　　　字　数：150千字
标准书号：ISBN 978-7-206-07053-2
版　次：2010年10月第1版　　印　次：2021年3月第2次印刷
定　价：39.00元

如发现印装质量问题，影响阅读，请与印刷厂联系调换。

目 录

希波克拉底	/ 001
阿基米德	/ 003
欧几里德	/ 005
谷登堡	/ 007
哥白尼	/ 009
维萨里	/ 011
布鲁诺	/ 013
伽利略	/ 015
开普勒	/ 017
哈维	/ 019
笛卡尔	/ 021
奥托·格里克	/ 023

帕斯卡	/ 025
波义耳	/ 027
惠更斯	/ 029
列文虎克	/ 031
牛顿	/ 033
欧拉	/ 035
富兰克林	/ 037
布丰	/ 039
罗蒙诺索夫	/ 041
卡文迪许	/ 043
舍勒	/ 045
拉瓦锡	/ 047
瓦特	/ 049
伏打	/ 051
赫歇尔	/ 053
琴纳	/ 055
富尔顿	/ 057
史蒂芬孙	/ 059
道尔顿	/ 061
法拉第	/ 063
安培	/ 065
达盖尔	/ 067

目 录

约瑟夫·亨利	/ 069
维勒	/ 071
李比希	/ 073
达尔文	/ 075
施莱登	/ 077
微耳和	/ 079
焦耳	/ 081
巴斯德	/ 083
科赫	/ 085
诺贝尔	/ 087
门捷列夫	/ 089
莫顿	/ 091
利斯特	/ 093
孟德尔	/ 095
法布尔	/ 097
开尔文	/ 099
赫尔姆霍茨	/ 101
麦克斯韦	/ 103
玻尔兹曼	/ 105
伦琴	/ 107
奥托	/ 109
本茨	/ 111

贝尔	/ 113
爱迪生	/ 115
路易·卢米埃尔	/ 117
马可尼	/ 119
贝尔德	/ 121
巴甫洛夫	/ 123
弗洛伊德	/ 125
埃尔利希	/ 127
米丘林	/ 129
费雪	/ 131
汤姆生	/ 133
齐奥尔科夫斯基	/ 135
普朗克	/ 137
博厄斯	/ 139
艾克曼	/ 141
摩尔根	/ 143
兰德斯坦纳	/ 145
缪勒	/ 147
弗莱明	/ 149
班廷	/ 151
居里夫人	/ 153
贝可勒尔	/ 155

目录

卢瑟福	/ 157
高斯	/ 159
莱特兄弟	/ 161
哈恩	/ 163
爱因斯坦	/ 165
魏格纳	/ 167
戈达德	/ 169
玻尔	/ 171
哈勃	/ 173
海森堡	/ 179
费米	/ 177
鲍林	/ 179
蔡伦	/ 181
张衡	/ 183
华罗庚	/ 186
李四光	/ 189
钱学森	/ 191
竺可桢	/ 194
袁隆平	/ 198

希波克拉底

希波克拉底出生在医学世家，祖父、父亲都是医生，母亲是接生婆。在古希腊医生的职业是父子相传的，所以希波克拉底从小就跟随父亲学医。父母去世后，他在希腊、小亚细亚、里海沿岸、北非等地一面游历一面行医救人，从而增长了知识，接触了民间医学。

希波克拉底一生都在和"神赐疾病"、宗教巫术等谬说作斗争，他治愈了许多疑难杂症，在世人心中很有威信。他死后名气更大，人们抬高他，敬畏他，甚至普遍相信他坟墓上的蜜蜂采的蜂蜜都具有神奇疗效。

希波克拉底完全超越了经验医学与僧侣医学，把医学发展成一种纯个性化的行业。他提出"体液"说，认为人体由血液、粘液、黄胆和黑胆四种体液构成。疾病正是由这四种液体的不平衡引起的,而体液的失调又是外界因素影响的结果。

希波克拉底认为,癫痫是由突然发作的暂时性大脑功能紊乱引起的,他指出的病因是正确的,他提出的这个病名,也一直沿用到今天。希波克拉底还对骨折病人提出了"清洗创口,然后进行牵引使断骨复位"的治疗方法,这也是合乎科学道理的。后来人们为了纪念这位"医学之父",就把用于牵引和其他矫形操作的臼床称为"希波克拉底臼床"。

当时,尸体解剖为宗教与习俗所禁止,希波克拉底勇敢地冲破禁令,秘密进行人体解剖,获得了许多关于人体结构的知识。在他最著名的外科著作《头颅创伤》中,详细描述了头颅损伤和裂缝等病例,提出了施行手术的方法。

希波克拉底改变了当时医学中以巫术和宗教为根据的观念。他主张在治疗上注意病人的个性特征、环境因素和生活方式对病情的影响;重视卫生饮食疗法,但也不忽视药物治疗,尤其注意对症治疗和预后。这些观点都对当时及以后的医学发展具有重要作用。

阿 基 米 德

公元前287年,阿基米德出生在西西里岛的叙拉古。他出身于贵族,与叙拉古的赫农王有亲戚关系,家庭富足。阿基米德的父亲是数学家,学养深厚,为人谦逊。阿基米德11岁时,借助与王室的关系,到古希腊文化中心亚历山大城去学习,对数学、力学和天文学产生浓厚的兴趣。在学习天文学时,阿基米德发明了用水利推动的星球仪,并用它模拟太阳、行星和月亮的运行及表演日食和月食现象。为解决用尼罗河水灌溉土地的难题,他发明了圆筒状的螺旋扬水器,后人称之为"阿基米德螺旋"。

公元前240年,阿基米德回叙拉古,帮助国王解决生产实践、军事技术和日常生活中的各种科学技术问题。公元前212年,古罗马军队攻陷叙拉古,阿基米德不幸被蛮横的古罗马士兵杀死，终年75岁。

阿基米德是古希腊后期一位杰出的科学家。在几何学方面，他得出了球体、圆柱体的体积和表面积的正确计算公式，提出了抛物线所围成的面积和弓形面积的计算方法。阿基米德在计算球体、圆柱体和更复杂的立体的体积时，运用逐步近似而求极限的方法，从而奠定了现代微积分计算的基础。

阿基米德在力学方面的成绩最为突出，他系统并严格地证明了杠杆定律，为静力学奠定了基础，并利用这一原理设计制造了许多机械。他在研究浮体的过程中发现了浮力定律，即著名的阿基米德定律。阿基米德在天文学方面也有出色的成就。除了发明星球仪之外，他还认为地球是圆球状的，并围绕着太阳旋转，这一观点比哥白尼的"日心说"要早1 800年！

欧几里得

欧几里得出生于一个贵族家庭,他早年大概求学于雅典,精通柏拉图的学说。公元前300年左右,欧几里得在托勒密王的邀请下,来到亚历山大城,长期在那里工作。他是一位温良敦厚的教育家,对有志之士,总是循循善诱,尽显长者之风。他讨厌狭隘实用倾向的学生,更反对不肯勤奋努力、投机钻营的作风。据记载,一个学生刚学完第一个命题,就问欧几里得自己学了几何学之后将得到些什么。欧几里得说,给他三个钱币,因为他想在这里学习获取实利。

欧几里得是古希腊最负盛名、最有影响的数学家之一,他是亚历山大里亚学派的成员。《几何原本》是古希腊数学发展的顶峰。欧几里得将公元前7世纪以来古希腊几何积累起来的丰富成果整理成严密的逻辑系统,使几何学成为一门独立的、演绎的科学。这一著作对科学的未来发展，对西方人整个思维方式的发展都有极大的影响。在差不多两千年间，被奉为必须遵守的严密思维的范例。

《已知数》是除《原本》之外唯一保存下来的欧几里德的古希腊文纯粹几何著作，体例和《原本》前6卷相近，包括94个命题，指出若图形中某些元素已知，则另外一些元素也可以确定。《图形的分割》论述用直线将已知图形分为相等的部分或成比例的部分。

谷 登 堡

谷登堡出生在一个没落贵族家庭，为了谋生，他做过金匠、制镜工匠。这些经历使他具备了相当的冶金知识，为日后发明活字合金奠定了基础。谷登堡于1438年开始研究活版印刷术，制作金属活字；1448年改进自己发明研制的字模浇铸铅合金活字。从1450年起，与富商福斯特合伙经营印刷所，大约在1455年，印成了西方第一部活字印刷的完整书籍——《四十二行圣经》。后来二人发生纠纷而法庭相见，弄得谷登堡倾家荡产。由于美因茨市长胡默里的支持，他得以继续进行印刷活动，并取得巨大成就。

谷登堡不仅发明了铸字盒、冲压字模，还提出了完整的印刷生产工序。当时金属制版所用的材料主要是铅锡合金，加入一定量的锑能提高活字强度，谷登堡的重要功绩之一就是最终确定了合金中三种金属的比例搭配。这种合金既容易浇铸成型，又经久耐用，被称作"活字合金"或"铅字合金"，因为在所用的三种金属中，铅是最主要的一种。

谷登堡受当时压榨葡萄汁的立式压榨机的启发，研制成世界上第一台印刷机。然而在研制过程中遇上了难题，就是传统的水性墨用在雕版印刷中还可，在活字印刷中印出的字迹却浓淡不均，若是采用黏稠度较高的油性墨效果或许会好一些。经过反复实验，谷登堡发现将松节油精与碳黑混合后加入煮沸的亚麻油中搅匀，用这种方法制成的墨，印出的字迹色泽较好，而且非常适合大量印刷。

至此，一整套活字印刷技术便告完成，更重要的是他还创制了一套高效率的生产方法。在人类文明的发展进程中，谷登堡功不可没。现在，美因茨市中心有一个谷登堡广场和一座谷登堡的铜塑雕像，他是美因茨市的象征和骄傲。

哥 白 尼

哥白尼出生在波兰一个富商家庭。18岁时就读于克莱考大学，学习医学期间对天文学产生了兴趣。1496年，23岁的哥白尼来到意大利，在博洛尼亚大学和帕多瓦大学攻读法律、医学和神学。

哥白尼在天文学方面的成就完全是在业余时间完成的。在意大利期间，他就确信地球和其他行星都围绕太阳运转这一学说是正确的。1533年，60岁的哥白尼在罗马作讲演，提出了他的学说要点。但是他害怕教会反对，直到晚年才决定将自己的理论结集出版。

在名为《浅说》的论文中，哥白尼阐述了关于天体运动学说的基本思想。他还描述了太阳、月球、三颗外行星（土星、木星和火星）和两颗内行星（金星、水星）的视运动，科学地阐明了天体运行的现象，推翻了长期以来居于统治地位的地心说，并从根本上否定了基督教关于上帝创造一切的谬论，从而实现了天文学中的根本变革。

哥白尼最有名的著作就是《天体运行论》，其中的第一卷是全书的精髓，先后论述了"宇宙是球形"、"大地也是球形"、"天体的运动是均匀永恒之圆运动或复合运动"等学说。《天体运行论》的诞生使当时所知道的太阳系内天体的位置和运行状况更为完整，标志着系统的太阳中心说的形成。

维 萨 里

1514年12月31日，安德烈·维萨里出生在布鲁塞尔一个医学世家。他家中收藏了大量有关医学方面的书籍，维萨里幼年时就喜欢读这些书，并立志长大后做一名医生。

维萨里曾就教于意大利的帕多瓦大学，他在课堂上运用理论联系实际的教学法，受到学生的尊敬和爱戴。任教期间，他开始写作计划已久的一部人体解剖学专著。经过5年的努力，1543年，年仅29岁的维萨里终于完成了按骨骼、肌腱、神经等几大系统分类描述的巨著《人体的构造》。他这种唯物主义的治学方法，触犯了传统观念，受到守旧势力和教会的迫害。

1544年，维萨里愤然离开帕多瓦，来到西班牙担任国王的御医。但教会的魔爪仍不肯放过他，一次，他为西班牙的一位贵族做验尸解剖，当剖开胸膛时，监视官说心脏还在跳动，便以此为借口，诬陷他用活人做解剖，宗教裁判所趁机判他死罪。由于国王出面干涉，才改判往耶路撒冷朝圣。但在归途中，航船遇险，年仅50岁的维萨里不幸身亡。一代伟大的科学家就这样结束了他悲壮的一生。

在《人体的构造》这一伟大著作中，维萨里冲破了以盖仑为代表的旧权威们臆测的解剖学理论，以翔实的解剖实践资料，对人体的结构进行了精确的描述。他在书中写道：解剖学应该研究活的、而不是死的结构。人体的所有器官、骨骼、肌肉、血管和神经都是紧密相联的，每一部分都是有活力的组织单位。这部著作的出版，澄清了盖仑学派主观臆测的种种错误，从而使解剖学步入正轨。

维萨里在解剖学上的革新，以及对解剖学概念的标准化，为近代解剖学的建立和发展奠定了基础。可以说，《人体的构造》一书是科学的解剖学建立的重要标志。"对于还没有人知道其解剖结构的整个人类身体作出新的描述，这是我所做的最有价值的事情。"维萨里这样说自己。

布 鲁 诺

布鲁诺自幼失去父母，靠神甫们收养长大，17岁时进圣多米尼加修道院。当时，哥白尼的《天体运行论》已传入意大利，他读后很是认同。1576年，布鲁诺因反对罗马教会的腐朽制度而离开修道院，流亡国外仍然坚持自己的学说，并宣传科学真理。1592年，他被骗回威尼斯，不久即遭逮捕，被押送到罗马宗教裁判所。布鲁诺被囚禁8年，始终坚持自己的学说，而被宗教裁判所判为"异端"，于1600年2月17日被烧死在繁花广场。1889年，后人为纪念这位坚强不屈的学者在繁花广场上竖立了铜像。

布鲁诺是文艺复兴时期杰出的天文学家和数学家，也是哥白尼学说最早的支持者之一。他不仅到处宣传哥白尼的学说，而且以自己的宇宙理论修正了哥白尼日心学说中"太阳是宇宙的中心"、"恒星天层是宇宙的边缘"等谬误,从而推动了哥白尼学说的发展。

　　布鲁诺提出了宇宙无限的思想。他认为宇宙是统一的、物质的、无限的和永恒的,在太阳系以外还有无尽的天体世界。人类所看到的只是宇宙中极为渺小的一部分,地球只不过是无限宇宙中一粒小小的尘埃。

　　布鲁诺还指出,千千万万颗恒星都是如同太阳那样巨大而炽热的星球,这些星球都以巨大的速度向四面八方疾驰不息。它们的周围也有许多像我们地球这样的行星,行星周围又有许多卫星。生命不仅存在于地球上,也可能存在于那些人们看不到的遥远的行星上。

伽 利 略

　　1564年2月15日，伽利略出生在意大利西部海岸的比萨城。从小受到良好的家庭教育，12岁时进入瓦洛姆布洛萨修道院，接受古典教育。17岁时，进入比萨大学学医，同时潜心钻研物理学和数学。25岁时成为比萨大学的数学教授。两年后，伽利略因为著名的比萨斜塔实验，触怒了教会，失去这份工作。

　　1592年，伽利略在威尼斯的帕多瓦大学任教。1610年，他出版《星空信使》一书，轰动了当时的欧洲，被聘为佛罗伦萨"宫廷哲学家"和"宫廷首席数学家"。伽利略在佛罗伦萨的宫廷里继续进行科学研究，但是他的天文学发现以及天文学著作明显体现出哥白尼"日心说"的观点。1616年开始，他受到罗马宗教裁判所长达二十多年的残酷迫害。1642年1月8

日，伽利略去世，享年 78 岁。临终前，他还重复着一句话："追求科学需要特殊的勇气。"

伽利略是第一个把实验引进力学的科学家。他确立了科学的"自由落体定律"，即在忽略空气阻力的条件下，铁球自空中下落的速度与重量无关。伽利略对运动基本概念，包括重心、速度、加速度等都做了详尽研究并给出了严格的数学表达式。加速度概念的提出，使得力学中的动力学部分建立在科学的基础之上，是力学史上的一个重要里程碑。

伽利略还提出过合力定律、抛射体运动规律，并确立了伽利略相对性原理。在天文学方面，他是利用望远镜观测天体取得重要成果的第一位科学家，用实验证实了哥白尼学说的正确性。

开 普 勒

约翰·开普勒出生在德国威尔一个贫民家庭,他是一个早产儿,体质很差。4 岁时患上天花和猩红热,侥幸死里逃生,身体却受到了严重摧残,视力衰弱,一只手半残。但他一直坚持努力学习,成绩始终在班里名列前茅。

1587 年,开普勒进入蒂宾根大学学习。毕业后,获得天文学硕士学位,被聘请到格拉茨研究院担任教师。后来,前往布拉格,与卓越的天文学家第谷一起专心从事天文观测工作。第谷死后,开普勒接替了他的职位,被聘为皇家的数学家。

1604 年 9 月 30 日,在蛇夫座附近出现一颗新星,开普勒对它进行了 17 个月的观测并发表了观测结果,历史上称它为"开普勒新星"。1607 年,他观测到一颗大彗星,就是后来的哈雷彗星。1630 年 11 月,因数月未得到薪金,生活难以维持，年迈的开普勒不得不亲自到雷根斯堡索取。不幸的是，他刚刚到那里就抱病不起。1630年11月15日，开普勒在一家客栈里悄悄地离开人世。

开普勒对光学很有研究，1611年出版《光学》一书，这是一本阐述近代望远镜理论的著作。他把伽利略望远镜的凹透镜目镜改成小凸透镜，这种望远镜被称为"开普勒望远镜"。他还发现了大气折射的近似定律。

开普勒出版了《新天文学》一书，提出了著名的开普勒第一和第二定律，而开普勒第三定律则是在1619年出版的《宇宙谐和论》中提出的。行星运动三大定律的完成，宣布了开普勒天文学体系的成熟，使人们对于行星的运动规律有了一个较为全面的理解。这三大定律的发现为经典天文学奠定了基石，开创了天文学发展的新阶段。

哈　维

　　威廉·哈维于1578年出生在英国肯特郡福克斯通镇。15岁时进入剑桥大学凯厄斯学院学习医学。1600年，22岁的哈维前往意大利帕多瓦大学学习，1602年获得医学证书。在意大利学医时，他还常常去听伽利略讲授力学和天文学。伽利略注重实验的研究方法，对他影响极大，为他日后的科学研究奠定了基础。此后不久，哈维获得英国剑桥大学医学博士学位。

　　1603年起，哈维开始在伦敦行医。不久，他与伊丽莎白女王的御医朗斯洛·布朗的女儿结婚。这桩婚姻对于哈维的事业大有帮助，1607年他被任命为皇家医学院成员，1615年被任命为卢姆雷恩讲座的讲师，1616年他成为圣巴多罗买医院的医生。

　　哈维的伟大著作《心血运行论》发表于1628年，被称为生理学史上最重要的著作，其主要意义在于使人们对人体的工作原理有基本的了解。哈维在书中明确指出：动脉把血液从心脏输出的同时，静脉把血液输入心脏。由于没有显微镜，哈维无法看到毛细血管——血液从最小的动脉输入静脉的微小血管，但是他却正确地推断出了它们的存在（哈维去世几年以后意大利生物学家发现了毛细血管）。

哈维还提出心脏的功能就是把血液泵入动脉，并给出大量的实验证据，严密地论证了这一学说。虽然他的学说起初遭到了反对，但是到他临终前已被广为接受。1651年，哈维发表的著作《动物的生殖》标志着当代胚胎学研究的真正开始。1657年6月3日，哈维由于中风去世，享年79岁。

直到哈维死后数年，他的血液循环理论才被认可，其《心血运行论》一书被称为近代生命科学的发端。哈维利用临床观察、尸体解剖，再加上逻辑分析和生理测试，从各个方面证明心脏是一个可以泵出血液的肌肉实体。

笛 卡 尔

雷纳·笛卡尔从小就对周围的世界充满了好奇和疑惑，喜欢在孤独中沉思。8岁时，进入拉弗莱什的耶酥会学校，接受古典教育。16岁到普瓦捷大学攻读法学，4年后获博士学位。1616年，笛卡尔结束学业后，一改父亲的初衷而投笔从戎，想借机游历欧洲，开阔眼界。然而长期的军旅生活使他感到疲惫，遂于1621年回国。

1628年，笛卡尔移居荷兰，他的主要著作几乎都是在那里完成的。1649年冬，笛卡尔应瑞典女王克里斯蒂安的邀请，来到斯德哥尔摩，任宫廷哲学家，为女王授课。由于他身体孱弱，不适应那里的气候，1650年初便患肺炎抱病不起。1650年2月11日，笛卡尔在斯德哥尔摩去世。

笛卡尔堪称17世纪以来欧洲哲学界和科学界最有影响的

巨匠之一，被誉为"近代科学的始祖"。他所著的《几何学》一书标志着解析几何学的诞生，为微积分的创立奠定了基础，从而开拓了变量数学的广阔领域。

笛卡尔一直关注着透镜理论，并从理论和实践两方面参与了对光的本质、反射与折射率以及磨制透镜的研究。他把光的理论视为整个知识体系中最重要的部分。他还从理论上推导了折射定律，与荷兰的斯涅耳共同分享发现光的折射定律的荣誉。他还对人眼进行光学分析，解释了视力失常的原因是晶状体变形，设计了矫正视力的透镜。

在力学方面，笛卡尔提出了宇宙间运动量总和是常数的观点，创造了运动量守恒定律，为能量守恒定律奠定了基础。他还指出，一个物体若不受外力作用，将沿直线匀速运动。笛卡尔还发展了宇宙演化论，创立了旋涡说。他认为太阳的周围有巨大的旋涡，带动着行星不断运转。笛卡尔这一关于太阳起源的旋涡说，比康德的星云说早一个世纪，是17世纪最有权威的宇宙论。

奥托·格里克

奥托·格里克天资聪明,勤奋好学,从小就喜欢读书,听伽利略的故事。他曾先后在莱比锡大学攻读文科、耶拿大学攻读法律、莱顿大学钻研数学和力学,这三所著名学府的学习生活,使他具备了深厚的知识文化底蕴,可以说是天文、地理、哲学、工程建筑无所不知。但格里克最感兴趣的还是自然科学,甚至赴英、法等当时认为较先进的国家专门学习自然科学知识。

1626年,格里克回国后当选为马德堡市参议员。1631年,他以工程师身份在军队服役。1646~1676年间,格里克担任马德堡市市长,虽然政务繁忙,他仍抽时间进行自然科学研究。1650年,他发明了活塞式真空泵,1654年利用这一发明设计并主持了著名的马德堡半球实验。

格里克和助手当众把两个直径超过一米的空心铜半球灌满水后合在一起，再把水全部抽出，使球内形成真空，这时周围的大气把两个半球紧紧地压在一起，严丝合缝。然后在球的两边各栓 4 匹马，格里克一声令下，两组马匹分别向相反方向奔去。只听见绳索咯吱咯吱声，马蹄踏地声，马粗重的喘气声……两个半球却始终紧密结合在一起。

格里克下令两边再各加 4 匹马，直到 16 匹马累得大汗淋漓，四腿打颤，铜球依然如故。实验像格里克预言的那样成功结束了，但人们仍然不解，格里克解释说："平时，我们将两个半球紧密合拢，无须用力就会分开，这是因为球内外都有大气压的作用，相互抵消平衡了；今天，我把它抽成真空后，球内没有向外的大气压力了，只有球外大气紧紧地压住这两个半球……"

通过这次实验，人们终于相信有真空，有大气，大气有压力，大气压很惊人了。为了让人们相信这一切，格里克市长却是耗资巨大。后来，那两个金属半球被称为"马德堡半球"。1681 年，格里克退休后移居汉堡安度晚年。

帕 斯 卡

帕斯卡出生在法国奥维涅省一个官员家庭。3 岁时，母亲不幸去世。8 岁时，举家迁往巴黎。帕斯卡没有受过正规的学校教育。16 岁那年，他满心欢喜地参加巴黎数学家和物理学家小组的学术活动。17 岁时，帕斯卡写成了数学水平很高的《圆锥截线论》一文。1642~1644 年间，他发明了加法器，这是世界上最早的计算器。

1653 年以后的几年间，帕斯卡集中精力进行关于真空和流体静力学的研究，取得重大成果。他从小就体质虚弱，又因过度劳累而疾病缠身，但仍努力进行科学工作，并取得重要成绩。从 1659 年 2 月起，由于病情加重，他不能正常进行科学研究工作，而安于虔诚的宗教生活。1662 年 8 月 19 日，帕斯卡去世，年仅 39 岁。

帕斯卡是近代概率论的奠基人，在科学史上占有重要地位。他的数学研究最突出的成就是著名的帕斯卡定理，即：圆锥曲线内接六边形其三对边的交点共线。在代数研究中，他发现了二项式展开的系数规律，即著名的"帕斯卡三角形"。他研究了摆线问题，得出了不同曲线面积和重心的一般求法。他计算了三角函数和正切的积分，最早引入了椭圆积分。

在物理学方面，他在著名的帕斯卡定律中指出：在封闭容器中，静止流体的某一部分发生的压强变化，将毫无损失地传递至流体的各个部分和容器壁，压强等于作用力除以作用面积。水压机就是帕斯卡原理的实例。它具有多种用途，如液压制动等。为了纪念这位科学家，国际单位制规定"压强"单位为"帕斯卡"。

波 义 耳

罗伯特·波义耳于1627年1月25日出生在爱尔兰利兹莫城一个贵族家庭。童年时，他很安静，说话还有点儿口吃，却是好学不倦。1635年，父亲将8岁的波义耳送到伦敦郊区的伊顿公学，他在那里学习了三年。1641年，波义耳兄弟又在家庭教师陪同下，游历欧洲，年底到达意大利。1644年，父亲在一次战役中死去。他失去了经济资助，只好回到英国。

波义耳从小体弱多病，有一次患病时，由于医生开错了药而差点儿丧命。经过这次遭遇，他怕医生甚于怕病，有了病也不愿去找医生，并且开始自修医学，为自己治病。当时的医生都是自己配制药物，所以研究医学也必须研制药物和做实验，这就使波义耳对化学实验产生了浓厚的兴趣。他为自己建造了一个简陋的实验室，尽管环境非常恶劣，他却完全沉浸在实验的乐趣之中。波义耳就是这样在科学研究中度过了自己的后半生，直到1691年底去世。

波义耳被称为"百科全书式"的学者，他的研究工作涉及化学、物理学、医学、生物学、哲学、神学等各个领域。他对化学实验倾注的心血最多，他认定化学从点金术和医学分离出来之后完全应当成为一门独立的科学。

波义耳彻底摈弃了已经存在两千多年的亚里士多德的"四元素说"、笛卡尔的"以太说"和点金术这三大教条，他与助手理查德·塔温利合作发现了物理学的一个基本定律——在温度保持不变的条件下，气体的体积与压力成反比。这就意味着，只要知道容器体积的变化，就能准确计算出气体压力的变化。这是17世纪极其重要的科学发现。

波义耳还证明，在压力变化达到一定程度时，即使在正常条件下不可能蒸发的物质，如冰块，也会升华。他最早描述了物体在加热和冷却时的膨胀现象。波义耳花费好几年时间对他称作"发光石"的物质——磷进行实验研究。1680年，他制取出白磷，以致事后好多年人们还把白磷叫做"波义耳磷"。

惠 更 斯

克里斯蒂安·惠更斯,1629年4月14日出生于海牙,父亲是外交官,也是位诗人,他自幼受到良好的教育。13岁时就能自制车床,并曾受到当时名人笛卡尔的直接指导,父亲亲切地称他为"我的阿基米德"。1645年,16岁的惠更斯进莱顿大学攻读法律和数学。两年后转入布雷达大学,1655年获法学博士学位,随即访问巴黎,在那里开始了他重要的科学生涯。

　　惠更斯最早取得成果的领域是数学,他是概率论的创始人。他在钟摆、离心力、光的波动说和光学仪器等方面都作出了贡献。1656年,他首先将摆引入时钟成为摆钟,以取代过去的重力齿轮式钟,提出著名的单摆周期公式,研究了复摆及其振动中心的求法。惠更斯于1663年访问英国,并成为皇家学会会员,1666年任法国科学院院士。

惠更斯提出了离心力定理，他还研究了圆周运动、摆、物体转动时的离心力以及泥球和地球转动时变扁的问题，这些研究对于后来万有引力定律的建立起了促进作用。他设计制造的光学和天文仪器精巧超群，惠更斯目镜至今仍被采用。

惠更斯在1690年发表的《光论》一书中阐述了他的光波动原理——惠更斯原理。他认为：每个发光体的微粒把脉冲传给邻近一种弥漫媒质微粒，每个受激微粒都变成一个球形子波的中心。他从弹性碰撞理论出发，认为这样一群微粒虽然本身并不前进，但能同时传播向四面八方行进的脉冲，因而光束彼此交叉而不相互影响，并在此基础上用作图法解释了光的反射、折射等现象。《光论》中最精彩的部分是对双折射提出的模型，用球和椭圆球方式传播来解释寻常光和非常光所产生的奇异现象。这部专著在科学史上被誉为波动光学的第一部科学论著。

惠更斯为人谦和，举止端庄。对待娱乐享受，总是适可而止，他把全身心都投入到科学研究中，终身未婚。1695年6月8日，在他的最后一部科学著作《宇宙论》出版后，这位伟大的科学家便与世长辞了。

列文虎克

　　列文虎克，1632年出生在荷兰的代尔夫特市。父亲是制造篮子的手工艺人，母亲来自酿酒艺人家庭。6岁时父亲就去世了，他仅受过一点儿基础教育，16岁时即挑起养家糊口的重担，到首都阿姆斯特丹一家布店当学徒。6年的学徒生活结束后，列文虎克回到家乡，凭手艺开了一家布店。

　　一个偶然的机会，列文虎克得知在首都阿姆斯特丹有许多眼镜店，除磨制镜片外，也磨制放大镜。在好奇心驱使下，他把业余时间都用来研究、磨制、装配玻璃透镜。在他看来，通过各种凹凸透镜观察世界，简直是一种享受。

　　列文虎克是第一位成功制造出高分辨率显微镜，并用这台显微镜进行许多重要生物学研究工作的人。他用显微镜广泛地观察过许多种生物的不同结构和其他材料，其中包括一些甲虫的附肢、蚊子的口器、蜜蜂的蜇针和泡干草的水等等。他看到了许多前人从未见过的东西，其中大多数后来被他称为"微动物"。

1676年，当列文虎克和学生哈姆一起发现了人、狗和兔子的精子时，他更加相信：在活泼运动的"微动物"——精子中，未来有机体的全部早已经存在于其中了。他的这个观点，复活了生物学界曾经盛极一时的"预成论"理论。他认为精子中就存在着真正的胚胎，精子就是胚胎发育（生物个体发育）的起点。在有性生殖过程中，未受精的卵只不过是在胚胎发育中向胚胎提供了营养。

1680年，列文虎克报告发现了酵母里含有球形的小颗粒（即酵母菌）。这一年，科学界正式承认列文虎克的研究成果，推选他为伦敦皇家学会正式会员，稍后又被法国科学院接纳为会员。许多人甚至千里迢迢到代尔夫特市去看列文虎克创造出奇迹的显微镜，这其中就包括俄国沙皇彼得大帝。1723年8月27日，列文虎克在代尔夫特市与世长辞。

牛 顿

1642年1月4日，牛顿作为遗腹子出生在英格兰一个自耕农家庭。他从小就善于思考，酷爱读书。1661年，19岁的牛顿进入剑桥大学三一学院学习，于1665年获得学士学位。在求学期间，他不仅自学了大量科学知识，还得到恩师巴罗的悉心指导，为以后的科学研究之路打下了坚实的基础。26岁时，牛顿晋升为三一学院的教授。

牛顿在解析几何、数值分析、概率论等领域都有建树，并著有《普遍算术》一书。微积分的创立是他最卓越的数学成就，牛顿将自古希腊以来求解无限小问题的各种技巧统一为两类普通的算法——微分和积分，并确立了这两类运算的互逆关系，从而完成了微积分发展史上最关键的一步，为近代科学发展提供了有效的工具，开辟了数学史上的一个新纪元。

一个苹果的偶然落地,引起了牛顿的思索。在对此现象进一步研究中,他发现了对人类具有划时代意义的万有引力定律。他从力学的基本概念(质量、动量、惯性、力)和基本定律(运动三定律)出发,引入微积分概念,在数学方面完成了对万有引力定律的论证,而且把经典力学建构成为一门完整而严密的体系,从而把天体力学和物体力学统一起来,实现了物理学史上第一次大的综合。在光学方面,牛顿发现了白光是由不同颜色的光组成的,制成了第一架反射望远镜样机,并提出了光的"微粒说"。

晚年的牛顿过着贵族生活,并担任英国皇家学会会长多年。1727年3月20日,牛顿与世长辞,享年85岁。同许多杰出的英国人一样,他也被安葬在著名的威斯敏斯特教堂。

欧　　拉

　　1707年4月15日，欧拉出生在一个牧师家庭。13岁入读巴塞尔大学，15岁大学毕业，16岁获得硕士学位。欧拉的父亲希望他学习神学，但他最感兴趣的是数学。上大学时，他受到伯努利等人的特别指导，专心研究数学。18岁时，他彻底放弃当牧师的想法而专攻数学。

　　1727年，20岁的欧拉到俄国圣彼得堡科学院从事研究工作，并于1731年成为物理学教授。在俄国的14年中，他坚持不懈地进行科学研究，在分析学、数论及力学等方面均取得了优异的成绩。1735年，他因工作过度而右眼失明。1741年，他担任德国科学院物理所的所长一职。1766年，他重回圣彼得堡。1771年，一场重病使他唯一幸存的左眼也失明。1783年9月18日，欧拉在圣彼得堡去世。

欧拉是18世纪数学界最杰出的人物之一。他最大的功绩是扩展了微积分的领域，为微分几何及分析学的一些重要分支的产生与发展奠定了基础。在18世纪中叶，欧拉完整地解决了n阶常系数线性齐次方程的问题，对于非齐次方程，他提出了一种降低方程阶的解法；而在偏微分方程方面，欧拉将二维物体振动的问题，归结出了一、二、三维波动方程的解法。

在微分几何方面，欧拉引入了空间曲线的参数方程，给出了空间曲线曲率半径的解析表达方式。1766年，他出版了《关于曲面上曲线的研究》一书，这是欧拉对微分几何最重要的贡献，更是微分几何发展史上的一个里程碑。在代数学方面，他发现了每个实系数多项式必分解为一次或二次因子之积。他也是数学史上最多产的数学家，《无穷小分析引论》、《微分学原理》以及《积分学原理》都成为数学中的经典之作。

富兰克林

1706年1月17日，本杰明·富兰克林出生在美国的波士顿。父亲以制造蜡烛和肥皂为业，共生有10个孩子，他排行第八。上小学时，富兰克林的学习成绩非常优秀，但由于家境困窘，10岁就离开了学校。先是回家帮父亲做蜡烛，后来在哥哥的小印刷所里当学徒。在此期间，他利用业余时间阅读了大量书籍。

由于刻苦自修，笃学不倦，不到三十岁，富兰克林就已成为学识渊博的学者和启蒙思想家。富兰克林在电学方面提出了电的单流质理论，创造的许多专用名词如正电、负电、导电体、电池、充电、放电等已成为世界通用的词汇。他还认为摩擦起电所生的电荷必须严格相等，后来这个思想成为电学中的电荷守恒定律。他利用这一理论说明了带介质的电容器原理。

富兰克林通过大量的实验，尤其是风筝实验的报告，彻底破除了人们对雷电的恐惧观念。同时，避雷针的发明也成为一项重要的科学技术成果，推动了电学、电工学的发展。富兰克林还研究过物体的热传导以及声音在水中的传播、利用蒸发取得低温的方法。他在植物的移植、传染病的防治等方面也有一定的研究。作为一名发明家，他还有老年人使用的双焦距眼镜等诸多重要发明。

富兰克林还是一名优秀的社会活动家和政治家，他参加起草了《独立宣言》和美国宪法，是美国的开国元勋之一。1790年4月17日，富兰克林溘然长逝。墓碑上这样写道：从苍天处取得闪电，从暴君处取得民权。这两句碑文概括了他一生中最为辉煌的业绩，富兰克林永远都受到后人敬仰。

布　丰

布丰出生在显赫的贵族家庭，父亲曾做过蒙巴尔地区的领主和议会议员，富裕的家境使他从小就过着衣食无忧的生活。十几岁时，布丰尊重父亲的意愿学习法律，不过他对自然科学更感兴趣。

1728年，布丰进入昂热大学学习医学、数学、天文学和植物学。1730年，布丰跨越英吉利海峡到达英国，被那里的科学氛围所感染，回国后继续埋首于科学研究。1734年，他被选为皇家科学院助手并最终成为会员。1739年，布丰被任命为皇家园林的主管，包括管理皇家博物馆、花园和动物园。正是在这一职位上，他写出了长篇巨著《自然史》。

《自然史》确立了布丰在生物科学发展史上的关键地位。这是一部说明地球与生物起源的通俗性作品，全书共44卷，布丰于 1749~1788 年间发表了 36 卷，后 8 卷是在他去世后由他的学生整理出版的。该书包括《地球形成史》、《动物史》、《人类史》、《鸟类史》、《爬虫类史》等，布丰关于物种可变性和进化论的思想，在当时有着积极的启蒙作用，而且他以大量实物标本作推论，对自然界做了唯物主义的解释。

《自然史》文笔细腻生动而富于感情，如一部史诗，用文学的语言对狮、虎、熊、狗、狼、狐狸等进行了形象的、拟人化的描写，生动活泼，趣味横生。另外，法语中的名句"文如其人"、"风格即人"，是从他的著名讲演《风格论》中的"风格则是属于个人的"一句引申而来。广泛的兴趣、深入的钻研和优美的文笔是布丰的长处，也是科学论著《自然史》的特色。

布丰的成就使他也成为科学界的"贵族"，欧洲主要国家的科学院纷纷邀请他为成员，法国国王路易十五则封他为"布丰伯爵"，而在此之前他的头衔仅是"骑士"。他 40 岁以后才结婚，生有两个孩子。晚年生活十分优裕，除了领地的收入外，还有国家给的大笔薪俸。1788 年，布丰在巴黎去世。

罗蒙诺索夫

米·华·罗蒙诺索夫 1711 年 11 月 19 日出生在阿尔汉格尔斯卡亚省杰尼索夫卡村一个渔民家庭。他从小就喜欢看书学习，有了进步父亲要奖励他时，常常是只要一本书作为礼物。1730 年，罗蒙诺索夫到莫斯科考入当时的最高学府斯拉夫—希腊—拉丁学院。1735 年转到圣彼得堡科学院附属大学学习。1736 年被圣彼得堡科学院派往德国学习矿业，先入马尔堡大学学习物理学和化学，后到弗莱堡学习矿业和冶金学。

罗蒙诺索夫于 1741 年回圣彼得堡科学院，任物理学副教授，1745 年 8 月成为圣彼得堡科学院院士和化学教授，1748 年秋创建了俄国第一个化学实验室，1755 年创办了莫斯科大学。

罗蒙诺索夫是一位知识渊博的科学家，是俄国唯物主义哲学和自然科学的奠基者。他的科学宇宙观的基础是微粒哲学。他认为微粒（分子）是由极小的粒子元素（原子）组成的。1748年，罗蒙诺索夫创建了装备有精密天平等仪器的化学实验室，他是最先将定量方法引入化学分析的科学家。

经过大量实验之后，1756年，罗蒙诺索夫得出了"参加反应的全部物质的重量，等于全部反应产物的重量"的结论。这就是今天我们所熟知的作为化学科学基石的质量守恒定律。在物理学方面，罗蒙诺索夫创立了热的动力学说，指出热是物质本身内部的运动，从本质上解释了热的现象；他提出了气体分子运动论，认为空气微粒对容器器壁的撞击是空气产生压力的结果。他在地质学、天文学、矿物学、冶金学、航海学，以及语言学和历史学等方面都有所贡献。

罗蒙诺索夫于1760年当选为瑞典科学院院士，1764年当选为意大利波伦亚科学院院士。由于他在俄国科学史上的诸多贡献，特别是质量守恒定律和对俄国语法的系统编辑，被誉为"俄国科学史上的彼得大帝"。1765年4月15日，罗蒙诺索夫在圣彼得堡去世。

卡文迪许

卡文迪许1731年10月10日出生在法国尼斯。父亲是一位英国公爵的后裔。2岁时母亲去世，可能与从小缺少母爱有关，他逐渐养成一种内向、羞怯的性格。11岁时，他在伦敦附近的海克纳学校读书，在学校里也很少与人交往。1749~1753年间，卡文迪许在剑桥求学，由于提前离校也就没有拿到学位证书。在伦敦定居后，卡文迪许在父亲的实验室中当助手，做了大量的电学、化学研究工作。他的实验研究持续达50年之久。1760年，他被选为伦敦皇家学会成员，1803年又被选为法国研究院的18名外籍会员之一。

卡文迪许在物理学和化学方面的成就和贡献是多方面的。1766年，他指出氢气是作为一种独特的物质而存在的，并且用实验证明了氢能够燃烧。在二氧化碳的性质方面，他研究后指出其腐烂和发酵产生的气体，与大理石受酸作用而产生的气体是相同的。他还研究了空气的组成，用实验证明了空气中有惰性气体存在。他在化学方面最杰出的贡献是研究了水的组成，并证明了水是氢和氧的化合物。这一伟大发现在化学史上开辟了一个新纪元，他被称为"化学中的牛顿"。

卡文迪许对物理学研究也很感兴趣，他最初着手研究的是动力学。1798年，卡文迪许通过扭秤实验，验证了牛顿的万有引力定律，还确定了万有引力常数和地球的平均密度。

卡文迪许首先研究了两个带电体的相互作用，在多次实验的基础上指出：同种带电体的相互作用是互相排斥，不同种带电体的相互作用是互相吸引，相互作用力随距离的某次方成反比例变化。卡文迪许还研究了热的现象，他用硫磺、碳和玻璃等做实验后得出结论：各种物质加热到一定温度时，所需要的热量各不相同。这一结论对后来发现比热定律有着重要意义。

1810年3月10日，卡文迪许在伦敦去世，终身未婚。他生前的许多研究成果都没有发表过，直到1871年，著名物理学家麦克斯韦看完他当时的手稿后，不由大惊失色，连声叹服说："卡文迪许也许是有史以来最伟大的实验物理学家，他几乎预料到电学上的所有伟大事实。"

舍　勒

卡尔·威尔海姆·舍勒出生在瑞典南部的斯特拉尔松。少年时即对化学产生强烈兴趣，工作之余，如饥似渴地阅读当时流行的各种制药化学著作，并学习炼金术和燃素理论的有关著作，还自制了许多实验仪器，晚上就在自己的房间里做各种各样的实验。

舍勒是近代有机化学的奠基人。他一生贡献极多，最为突出的是发现氧气和对空气成分的测定，这为以后的化学发展作出了突出贡献。1773年，舍勒分别通过硝酸钾、硝酸镁、碳酸银、碳酸汞、氧化汞等盐的热分解，以及黑锰矿与浓硫酸的共热制得了氧气，并对氧气的性质进行了研究。他把这些实验结果整理成一本书，书名叫《火与空气》，但由于种种原因，直到1777年才出版，书稿在出版社整整压了两年。英国化学家普利斯特里于1774年发现氧气后，很快就发表了论文，时间比舍勒还早。因此，化学史上认为，舍勒和普利斯特里各自独立发现了氧气，他们都是氧气的发现者。

舍勒做过多次实验，都发现空气成分是复杂的。他把不助燃的空气称为"浊空气"，把助燃的空气称为"火空气"，火空气实际上就是现在大家熟悉的氧气。舍勒还做过"浊空气"和"火空气"的生物实验，证明"火空气"可以帮助燃烧，维持生命，而"浊空气"不能帮助燃烧，不能维持生命。

舍勒制备了数十种无机化合物，发现和提纯了酒石酸、苹果酸等一百多种有机化合物。当时有机化学还很幼稚，在缺乏理论知识的情况下，他能取得如此成就是很不容易的。

限于当时的条件，舍勒无法知晓某些化合物的性质，他制备和研究的氯气、氟化氢、氰化氢等均为有毒气体，这严重损害了他的健康，加上经常熬夜，哮喘病和其他疾病一直侵袭着这位天才药剂师的身体。1786年5月21日，年仅44岁的舍勒永远地闭上了眼睛。他一生尽瘁于化学事业，认为"这种尊贵的学问，乃是奋斗的目标"。

拉 瓦 锡

1743年,安托万·洛朗·拉瓦锡出生在巴黎一个富裕的律师家庭。他从21岁起跟随地质学专家葛太德专门研究地质学,后来在老师的建议下开始学习化学,最终以化学成就闻名于世。

拉瓦锡指出,空气本身不是元素,而是混和物,它主要由氧气和氮气组成。燃烧过程在任何情况下,都是可燃物质与氧的化合,可燃物质在燃烧过程中吸收了氧而增重,所谓的燃素实际上是不存在的。拉瓦锡关于燃烧的氧化学说终于使人们认清了燃烧的本质,并从此取代了燃素学说,统一地解释了许多化学反应的实验事实,为化学发展奠定了重要基础。恩格斯说他"使过去在燃素说形式上倒立着的全部化学正立过来"。

根据氧化理论,1777年拉瓦锡发表论文,指出动物呼吸是吸入氧气，呼出二氧化碳。他与法国科学家拉普拉斯合作，于1782年设计了冰的热量计，测定了一些物质的比热和潜热，同时证明呼吸的生理过程属于一种缓慢的燃烧。

1785年，拉瓦锡和贝托莱等人合作编写了《化学命名法》。这是第一个组织完备的化学术语命名体系，它使全世界研究化学的学者们都能够清楚地交流自己的发现。拉瓦锡还是第一个明确阐述化学反应中质量不灭定律的人。在1789年出版的《化学纲要》中，他提出元素是化学分析到达的终点，即在当时用任何化学手段都不能分解的物质可称为元素。

拉瓦锡在进行科学研究的同时，还从事了大量行政工作。随着法国大革命风暴的席卷，1794年5月8日，拉瓦锡和他的岳父等28人一起被审讯、处死。众多有识之士呼吁赦免拉瓦锡，革命政府的法官仅以一句粗鲁的"共和国不需要天才"，就将他送上了断头台，人类化学发展史上痛失一位天才！

瓦　　特

1736年1月19日，詹姆斯·瓦特出生在苏格兰的格里诺克镇。由于家贫体弱，他没有受过多少学校教育。但瓦特天性好学，15岁就学完了《物理学原理》等书籍。他还常常自己动手修理和制作小起重机、滑车以及船上用的各种物件。

1753年，瓦特开始自谋生路。1763年，他来到格拉斯哥大学当教具实验员，负责修理和制造仪器，进一步掌握了当时一些较先进的机械技术。1769年，瓦特终于试制成功第一台带有分离冷凝器的蒸汽机样机，获得了他在革新纽可门蒸汽机过程中的第一项专利。1781年，瓦特研制出一套被称为"太阳和行星"的齿轮联动装置，把活塞的往返直线运动转变为齿轮的旋转运动，从而大大拓展了蒸汽机的使用范围。

1788年，瓦特发明了可以自动控制蒸汽机速度的离心调速器。1790年，他发明了压力表、计数器、指示器和节流阀门。至此，瓦特完成了蒸汽机发明的全过程，并获得了4项专利。瓦特因他的伟大发明而在英国，乃至欧洲大陆各国的学术界都享有崇高的地位。1784年，他成为爱丁堡皇家学会的会员，1785年成为伦敦皇家学会的会员。1819年8月25日，这位改变世界的伟大发明家在家中安然辞世。

瓦特并不是第一个制造蒸汽机的人，但他是第一台实用蒸汽机的发明者。他的一生，充分验证了"实践出真知"的道理。他虽未受过系统的学校教育，却在实践中钻研技术、勇于创新，终于发明了蒸汽机，点燃了工业革命的火种，改变了世界历史的进程。人们为了纪念这位伟大的发明家，把功率的单位定为瓦特，简称为"瓦"。

伏　打

伏打出生在意大利科莫城一个贵族家庭。他从小聪慧机敏，勤奋好学，对自然科学和哲学有着浓厚的兴趣。18岁时，他进入一所皇家大学攻读自然科学，开始全身心投入这一领域的研究。1769年，24岁的伏打发表了第一篇科学论文《关于电火的引力及其有关的现象》，引起了学术界的注意。

伏打在科学上的主要贡献是发明伏打电堆。当他得悉伽伐尼"生物电"的实验消息后，于1791年着手研究这一现象。经过大量实验，他否定了"生物电"学说，认为伽伐尼电实质上是一种物理的电现象，蛙腿本身不放电，是外来电使蛙腿神经兴奋而产生抽动，蛙腿实际上只起电流指示计的作用。用伏打自己的话来说，金属是真正的电流激发者，而神经是被动的。他把这种电流命名为"金属的"或"接触的"电流。

伏打还发现当金属浸入某些液体时，也会发生同样的电流效应。他制成了"伏打电堆"，这是第一个可以产生稳定、持续电流的装置，就是最早的干电池。伏打还发现了伏打定律，即如果把几种化学成分不同，但温度相同的金属串联起来，两端就产生电位差，电位差的大小只与两端金属的性质有关，而与中间金属的性质无关。

伏打电池的发明是19世纪初物理学的最伟大发明之一，它大大促进了电学的发展。后人为纪念这位物理学家，把电压的单位规定为"Volt"，音译为"伏特"，简称为"伏"。

1779年，伏打成为帕维亚大学物理学教授，并在那里一直任教至退休。1801年12月21日，伏打演示完自己发明的伏打电堆后，拿破仑一世拉着他的手说："伟大而神秘的自然界面前的帷幕被天才揭开了一角。天才不多见，对他们仅仅赞赏是不够的，应该使他们得到奖励。"1827年3月5日，伏打在故乡科莫去世，享年82岁。

赫 歇 尔

1738年,威廉·赫歇尔出生在德国汉诺威。父亲是一位在禁卫军团服役的双簧管手,在教子女音乐之余,常在夜晚领着他们认识星空,音乐和天文渐渐成为小赫歇尔的爱好。学生时期的赫歇尔成绩非常优秀,但由于家境困难,16岁就离开学校,加入禁卫军乐团,担任小提琴和双簧管演奏员,开始了靠音乐养活自己的生活。

1756年,英法战争爆发,赫歇尔偷渡到伦敦。生活稍稍稳定,他就白天以音乐谋生,晚上观测星空,研习天文。美国著名天文学家惠特尼说:"从1773至1782年,赫歇尔完成了由一个职业音乐家向职业天文学家的转变。"

赫歇尔是第一个用巨型望远镜去撞开恒星世界大门的人,被誉为"恒星天文学之父"。他一生制造了许多大型望远镜,磨制出售的至少有 76 架，自用的反射望远镜最大口径达 1.22 米，焦距 12 米，具有非凡的探空威力，虽然使用时需要付出繁重的体力劳动，却是 18 世纪的科技奇迹之一。

1781 年，赫歇尔用自制望远镜作巡天观测时偶然发现了天王星，这是自史前时代以来第一颗被发现的行星。他从 1783 年开始研究天空中恒星分布的密度，最后确定，银河系是由一层恒星组成的，形状像一只扁平状的圆盘，其直径约为厚度的 5 倍。赫歇尔集中了长达 19 年的星云"巡天"观测成果，汇编成 3 部星云和星团表，共记载了 2 500 个星云和星团，其中一百多个为前人已知，还发现了双星、三合星和聚星 848 个。

赫歇尔发现了天王星，这使得他名声大震，获选成为英国皇家学会会员。1782 年，他获得英王乔治三世的接见，被任命为皇家天文官。1786 年，赫歇尔和妹妹卡罗琳迁往斯劳，并终生在那里工作。1800 年，赫歇尔发现在太阳光谱线的红外端以下所放的温度计明显地受到了热辐射，从而发现红外线。他还发现太阳在银河系中是朝着武仙座 λ 星附近运行的，双星和聚星在万有引力的作用下围绕着公共质心转动，甚至确定了一些双星的运动周期，这是把万有引力定律推广到更遥远的天体的壮举。1822 年 8 月 25 日，赫歇尔在斯劳的观测楼内去世。

琴　　纳

1749年5月17日，爱德华·琴纳出生在一个牧师家庭。6岁时到学校接受启蒙教育，课余时对生物学颇感兴趣，是一个喜欢读书的好孩子。16岁时跟从当地外科医生鲁劳特学习，后来又跟从名医汉特学习解剖学和医学理论，不久便成为老师的得意门生。1774年，琴纳回故乡开业行医。

琴纳是一位以行医救人为己任的医生，他一直在寻求根治天花的方法。在二十多年的行医实践中，他发现养牛场的挤奶女工在给患牛痘的牛挤奶后，也会被传染而起小脓包，但很轻微，一旦恢复正常，就再不得天花了，而且，凡是得过天花的人也不会再受感染了。他开始研究用牛痘来预防天花，终于想出一种方法，从牛身上获取牛痘脓浆，接种到人身上，使之像挤奶女工那样也得轻微的天花，从此就有免疫力了。

1796年5月14日，琴纳从一位挤牛奶姑娘的手上取出微量牛痘疫苗，接种到一个8岁男孩的胳膊上，小男孩发了几天低烧，身上也长了些疱疹，但很快结痂脱落。一个多月后，琴纳又给他接种天花病人身上的脓浆，过了一段时间发现他同那些患过天花的人一样获得了某种强大的抵抗力。琴纳成功了，他用事实说明：在健康的人身上接种牛痘就可以使这个人再也不得天花了！

经过多年艰苦的努力，人类终于扼住了天花这个恶魔的咽喉。那个小男孩名叫詹姆斯·菲普斯，他是人类第一个接种牛痘的人。在拉丁语中，牛叫"Vacca"，牛痘叫"Vaccina"。因此，琴纳把通过接种牛痘来获得对天花免疫力的方法叫做"Vaccination"，这就是我们所说的"种痘"。

琴纳为免疫学的发展开创了广阔领域，他无私地把这种接种方法奉献给了世界。1802年，英国议会为了对他表示感谢，授予他一笔一万英镑的奖金，几年后又追加一笔两万英镑的奖金。1823年1月26日，这位伟大的医生在伯克利寓所与世长辞。

富 尔 顿

富尔顿出生在一个贫苦农民家庭,父亲原是英国的穷裁缝,后来流落到美国。他童年时代就喜欢思考问题,又心灵手巧,经常做一些小玩具和同伴一起玩。9岁那年,父亲不幸去世。家境更加贫困,富尔顿只读了几年书就被迫辍学。14岁时进了一家珠宝店当学徒。闲暇时常到附近的枪炮修造厂帮忙,掌握了有关机械制造方面的技能。

富尔顿喜欢手工机械制作,同时又酷爱绘画,他曾只身到费城学习绘画,技艺有了很大提高。1787年远渡大西洋,到英国伦敦学习绘画,在那与瓦特结成忘年交。瓦特向富尔顿讲述了蒸汽机的原理和用途,也激发了他从事机械发明的决心,他决心要做一名像瓦特那样的机械工程师。

从此,富尔顿一边工作,一边自学,开始了艰辛的机械制造研究之路。1807年8月17日，美国哈得孙河两岸挤满了好奇的观众。一艘名为"克莱蒙特"号的轮船，正以每小时超过4英里的速度向前行驶，它仅用32小时就走完了从纽约到奥尔巴尼150英里的航程。这在当时的人们看来，简直是个"奇迹"。人类历史上第一艘汽船试制成功了，其主体部分由铁板建造，以螺旋桨为推进器，以瓦特蒸汽机为动力。

后来，富尔顿又从各方面对"克莱蒙特号"加以改进，使其速度提高到每小时6~8英里。从此，"克莱蒙特号"担负起从纽约到奥尔巴尼城定期航班的运载任务。1808年，富尔顿又造了两艘轮船——"海神之车号"和"典型号"。逆水逆风下，时速达到6英里，各项性能也更加完善。

富尔顿一生共设计、制造了17艘轮船，每设计一艘轮船，总是有所改进、创新，他的造船技术被应用于美国海军，他设计、制造新式的战舰和快速汽艇，大大加强了美国海军的实力。1815年2月24日，这位伟大的发明家溘然长逝，年仅50岁。

史蒂芬孙

1781年6月9日，史蒂芬孙出生在英国诺森伯兰城西南的一个小村庄。父亲是煤矿上的抽水操作工，微薄的收入根本无法供6个孩子上学，小史蒂芬孙刚满8岁便开始放牛。当时矿上已经开始用蒸汽机抽水，史蒂芬孙希望将来也能像父亲那样整天和蒸汽机为伴，他平时最喜欢的游戏就是用泥土制作蒸汽机模型。

14岁时，史蒂芬孙到煤矿上做了名见习司炉，他的工作只是为蒸汽机定时添煤加油，却常为修理技师们打下手，研究蒸汽机的构造原理。老技师长告诉他只有掌握了科学技术知识，才可能创造出更好的机器，而不只是简单模仿人家的东西。于是，他下定决心到夜校学习文化，还经常挤时间给别人修补皮鞋，用赚来的钱购买书籍，学习机械、制图等方面的知识。由于刻苦学习并付诸实践，史蒂芬孙很快成为一名机械修理工、机械师，最终成为火车机车方面的权威。

史蒂芬孙生活时期的英国，正处于工业革命的的高潮，蒸汽机的问世解决了动力问题，对材料和燃料的需求量却大增，运输的难题又摆在人们面前。在他之前也有很多人研制蒸汽机车，但都没有实用价值。1807 年，史蒂芬孙开始研制、改造前人设计制造的蒸汽机车，终于在 1814 年设计制造了一辆全新的蒸汽机车"布鲁克"，在试车时，能牵引重为 30 吨的 8 节车厢以 7 千米的时速行驶，由于在前进时不断从烟囱里冒出烟来而被称为"火车"。这是世界上最早的火车，史蒂芬孙因此被誉为"铁路机车之父"。

经过不断改进，1825 年，世界上第一台客货运蒸汽机车"旅行"号终于在史蒂芬孙的设计与指导下建成了。新车时速达 15 英里，车上载客 450 人，列车载重达 90 吨，这次试车成功，开创了陆上运输的新纪元。后来，史蒂芬孙还负责了英国两大城市利物浦和曼彻斯特之间铁路的建筑工程，新机车也奔驰在这条铁路线上。他下决心要使新机车成为通用工具，1832 年与两个出资者共同建立了世界上第一个机车制造工厂，并在厂内开始研制新型机车。

道 尔 顿

约翰·道尔顿出生在一个手工业者家庭，由于家境贫寒，只受过很少的学校教育。但是他天资聪颖，勤奋好学，12岁就被举荐为乡村小学教师。15岁到肯达尔城的一所教会中学任教，并与著名学者豪夫结识，向他学习科学文化知识。在豪夫的指导下，他从21岁起就开始观测气象、记日记，他是历史上第一个留下二十万次完整气象资料的人，也是第一个发明全套气象仪器的人。道尔顿26岁时到曼彻斯特一所学院任教，此后，一直居住在曼彻斯特。

1799年，道尔顿离开学院，成为曼彻斯特最受欢迎的私人教师。除了每天2小时的授课时间外，他全身心都投入到科学研究工作中，并取得成功。道尔顿是近代化学的奠基人，他使化学成为一门真正的科学。1803年10月21日，道尔顿报告了他的化学原子论,并且宣读了论文《第一张关于物体的最小质点的相对重量表》。这是世界上第一张原子量表,它改变了过去关于原子的模糊概念,第一次使原子通过原子量与具体的化学实验结合起来,化学开始走上定量研究的阶段。

1804年以后,道尔顿又对甲烷和乙烯的化学成分进行分析实验,发现了倍比定律。1808年,他在《化学哲学的新体系》一书中公布了以原子学说为基础的化学体系,化学领域从此发生了巨大的变化。道尔顿和他的弟弟都是色盲,这一天生的灾难使得他对色盲产生好奇。他发表了历史上第一篇关于色盲问题研究的论文,认为色盲的原因是眼睛的水晶体内缺乏一种物质,以致无法吸收红光。欧美各个国家以他的姓氏将"色盲"这一医学术语命名为"daltonism"。

由于对科学原子论的贡献,以及在化学和物理学方面的发现,道尔顿获得了很多荣誉。1822年被选为皇家学会会员,1826年获得英国皇家学会第一枚金质奖章。道尔顿终身未婚,于1844年去世。

法 拉 第

　　法拉第从小家境困难，几乎没受过正规学校教育，12岁就当了报童。13岁开始在一家书店学习装订手艺，这使得他有条件阅读大量物理、化学著作。1812年2月，21岁的法拉第去皇家学院听大化学家戴维的讲座。戴维讲得轻松透彻，法拉第被吸引住了。回来后，他鼓起勇气给戴维写信，同时附上了自己记录、装订的《戴维爵士讲演录》。戴维爵士被法拉第追求科学的热情深深打动，举荐他到皇家研究所任实验室助理，这是法拉第一生的转折点，从此他踏上了科学研究之路。

　　法拉第于1821年提出"由磁产生电"的大胆设想，并开始了艰苦的探索。1821年9月，他发现通电的导线能绕磁铁旋转，第一次实现了电磁运动向机械运动的转换，从而建立了电动机的实验室模型。1831年，法拉第发现如果一块磁铁通过封闭的线圈时，磁铁的移动将在线圈中产生电流，这种效应被称作电磁感应，产生的电流叫感生电流。

法拉第是电磁场理论的奠基人，他首先提出磁力线、电力线的概念，并第一次提出场的思想，建立了电场、磁场的概念，否定了超距作用观点。后来，法拉第又发现如果极化光通过磁场，它的极化强度可能会改变。这一发现首次指出光与磁之间的关系，具有重要意义。1831年10月28日，法拉第制造了世界上第一台原始的发电机。

1833年，法拉第发现了电解中的两条定律：由相同电量产生的不同电解产物间有当量关系；电解产物的数量与所耗电量成正比。这两条定律为电化学在工业中的广泛应用奠定了基础。法拉第是19世纪最伟大的实验物理学家，人们为了纪念这位物理学大师，把法拉作为电容的国际单位。

法拉第婚姻美满，没有孩子。他为人谦逊，淡泊名利，曾拒绝接受爵士封号及担任皇家学会主席之职。1867年8月25日，法拉第逝世，亲人们遵照他的遗愿举行了简单的葬礼，墓碑上只刻有名字和出生年月日。

安　培

安培1775年出生在里昂一个富商家庭。他记忆力强，刻苦勤奋，年少时就显出超群的数学才能，12岁时拜著名数学家拉格朗日为老师，13岁发表第一篇数学论文，论述了螺旋线的有关原理。

1799年，安培在里昂一所中学教数学，1802年在布尔格学院讲授物理学和化学，1804年开始到巴黎理工学院任教，1808年被任命为法国帝国大学总学监，1814年当选为法国科学院院士，1824年任法兰西学院实验物理学教授。1836年，安培以大学学监的身份外出巡视工作，不幸途中染上急性肺炎，医治无效，于6月10日在马赛去世，终年61岁。

安培最主要的成就是对电磁作用的研究。他重复了奥斯特关于电流磁效应的实验，发现电流的方向和它的磁场方向有着一定的规律，可以用右手来表示它们之间的关系，这就是安培定则，又称为"右手螺旋定则"。

安培进一步证实，通电导体不但会对磁针发生作用，而且两根通电导体也会相互作用。当它们有同向电流时相互吸引（与静电荷不同，相同静电荷相互排斥），有反向电流时则相互排斥。他还推算出这种力所遵循的数学公式，于是一条完整的定律——安培定律诞生了。

安培是发展测电技术的第一人，他发现电流在线圈中流动时表现出来的磁性和磁铁相似，在此基础上发明了探测和量度电流的电流计。他提出的分子电流假说，在科学高速发展的今天，已成为认识物质磁性的重要依据。

安培是第一个提出"电动力学"理论的人，1827年将他对电磁现象的研究综合在《电动力学现象的数学理论》一书中出版，这是电磁学史上一部经典论著。物理学领域为了纪念安培在电磁学方面的杰出贡献，用他的姓氏"安培"为电流的单位命名，简称"安"。

达 盖 尔

1787年11月18日，路易斯·达盖尔出生在法国北部康布雷城一个法官之家。小时候，父母常常带着他去领略自然风光，母亲还会耐心地向他介绍自然景观的画法、明暗度的对比、色调的掌握。所有这一切，都为日后达盖尔发明以自己名字命名的照相技术及照相机奠定了基础。

青年时代的达盖尔是个艺术家，三十多岁时，他设计了"西洋镜"，这是一种利用特殊灯光的效果展示画面全景的技术，有点儿类似于我们今天的幻灯片。达盖尔并不是第一个发明照相术的人，但他是第一个发明具有实用价值照相术的人。1829年起，达盖尔和尼埃普斯开始了长达4年的合作，共同寻找一种曝光时间短的照相技术。尼埃普斯逝世后，达盖尔克服了失去好友的悲痛，继续研究。1837年，他成功地研制出一种具有实用价值的照相系统——达盖尔照相术，后来又制成了世界上第一台照相机。

1839年，达盖尔将他的发明成果向世界公布，但没有申请专利。为了奖励他在照相技术上的突出贡献，同年，法国政府、法国科学院分别授予达盖尔和尼埃普斯的继承人6千法郎、4千法郎。达盖尔还被授予法国科学院名誉院士的荣誉称号。

不幸的是，正当达盖尔精力旺盛、准备进一步研究照相技术的时候，他患了颈部瘤，这在当时是一种不治之症。即使在受病魔折磨的最后日子里，他依然坚持工作，著书立说，宣传自己的照相技术。1851年7月10日，达盖尔在巴黎与世长辞。

约瑟夫·亨利

约瑟夫·亨利出生在纽约州奥尔巴尼一个贫穷工人家庭,仅受过几年的学校教育。他刻苦自学,具备了初步的科学知识。1819年,22岁的亨利被奥尔巴尼学院破格录取,3年后,以优异的成绩从学院毕业。

亨利在物理学领域的主要成就是对电磁学的独创性研究。1829年他改进了当时的电磁铁,这是电磁学研究能够取得成功的第一步。电磁铁的改进对于电磁感应现象的发现和电磁电报的发明有决定性意义,它大大增加了感应电流的强度,使人们有可能觉察到感应电流的存在。亨利还采用改进了的电磁铁,发明了第一台振荡电动机。

1830年8月,约瑟夫·亨利在实验中已经观察到了电磁感应现象,比法拉第发现电磁感应现象还早一年。但是当时他正在集中精力制作更大的电磁铁，没有及时发表这一实验成果，失去了发明权。1832年发现了自感现象，这是他的又一重大贡献。

1847年，亨利组织建立了世界上第一个电报气象系统，国家气象局在此基础上建设了全国气象观测系统；1867年，亨利试制成功当时世界上最理想的雾信号系统——汽笛警报器，这种警报器的声音能传到三万米以外，它的使用大大减少了海上事故的发生。

1868年，亨利被推举为美国国家科学院院长。当时，科学院已濒临垮台，亨利上任后大力改革，使科学院真正成为全国的科学中心。19世纪末，美国的科学组织网基本形成，亨利功不可没，不愧为美国科学大厦的奠基人。

维　　勒

弗里德里希·维勒，1800年出生在德国法兰克福一个医生之家。父亲爱子而不溺子，为了把儿子培养成才，处处严格要求、细心指导他。少年时代的维勒喜欢诗歌、美术，还特别喜欢收藏矿物标本。中学时代，他最喜欢化学，尤其对化学实验感兴趣。在他的房间里，随处可见形形色色的矿物晶体，各种各样的瓶瓶罐罐。

1820年秋天，维勒进入马堡的医科大学。除了专心攻读各门功课外，每天坚持做实验也成为他的一项必修功课。他的第一项科学研究，就是在简陋的大学宿舍里试制成功的。1823年，维勒到瑞典跟从著名学者贝采里乌斯学习一年，在那里他熟练地掌握了分析和制取各种元素的不少新方法，为以后的化学研究奠定了良好的基础。

1828年，维勒发表的《论尿素的人工制成》一文引起化学界的轰动，这被认为是第一次人工合成有机物。维勒开创了有机合成的新时代，他提出的有机合成的新概念，促使了以后关于乙酸、脂肪、糖类物质等一系列有机合成的成功。

在无机化学领域，维勒也有不少贡献。1827年和1828年分别发现了铝和铍两种元素，曾对硼、钛、硅的化合物进行了广泛研究，并发现了硅的氢化物。他还是一位化学教育家，为人类培养了许多化学良才，他的学生中有不少人成为著名的教授、工程师和化学家。

1882年9月23日，维勒因病医治无效，在哥廷根去世。这无疑是化学事业发展中的一大损失。至今，每当提到尿素的人工合成时，人们都会很自然地想起维勒的名字。

李 比 希

1803年5月12日,李比希出生在德国达姆施塔特城。父亲是一位经营无机盐和染料的商人,这使得他从小就有机会利用这些物品做化学实验。化学的魅力深深吸引了他,以致影响了他的一生。

一个偶然的机会,李比希有幸成为著名化学家卡斯特利的助手。不久,他先后到波恩大学、埃尔兰根大学就读,并于1822年获博士学位。也是在这一年,李比希来到当时的世界科学技术中心巴黎,在著名化学家盖·吕萨克的指导下学习,逐渐把自己过去简单堆积的知识发展成一套严密的知识体系,这为他以后回到德国传授自己的知识体系做好了充分的准备。

1824年,李比希回到德国,担任吉森大学编外教授,两年后升为正式教授,年仅23岁。在那里,他进行了教育体制改革，建立了著名的"李比希实验室"，培养了大批第一流的化学人才。

　　李比希在无机化学、有机化学、生物化学、农业化学等领域都取得了重要成就。他发明和改进了有机分析的方法，准确地分析过大量的有机化合物，合成过三氯甲烷、三氯乙醛和多种有机酸，首次提出同分异构现象。1832年与维勒共同发现安息酸，并提出基团理论。李比希关于有机基团的科学定义是对有机化学理论基础的卓越贡献，它和人工合成尿素一起为有机化学的发展铺平了道路。

　　1840年以后，李比希将研究重点转到农业化学和生物化学上。他用化学方法，创造出人造化学肥料——钾盐和磷酸盐，并证明植物生长需要碳酸、氨等无机物；动物的排泄物只有转化为碳酸、氨等才能为植物所吸收。这些观点构成了近代农业化学的基础，发表在他的《有机化学在农业和生理学中的应用》一书中。

　　1852年，李比希到慕尼黑大学任教，直至退休。他不仅是化学领域许多新兴学科的拓荒者，还是化学教育体制改革的成功实践者，他无愧于"德国化学之父"的称号。

达 尔 文

达尔文出生在英国施鲁斯伯里一个医生家庭。他从小就热爱大自然，尤其喜欢打猎、采集动植物标本等。1825年秋，父亲送他进爱丁堡医学院学习，可是他对医学毫无兴趣，尤其害怕面对手术台上的淋漓鲜血。两年后，父亲只好把他转到剑桥大学改学神学，希望他将来能成为一名"尊贵的牧师"，可他依然热衷于自然科学研究。

1831年12月，达尔文以博物学家的身份，参加了英国政府组织的"贝格尔号"军舰环球考察。5年的艰苦岁月使达尔文的容貌有了很大改变，更重要的是，出发时他是"神创论"的信徒，回来时却已经成为一名进化论者，他更愿意相信：植物和动物的种不是固定的，而是变化的。从此，达尔文开始了漫长的进化论研究，并取得了非凡的成就。

1842年，达尔文第一次写出《物种起源》的简要提纲。1859年11月，科学巨著《物种起源》一书出版，第一版的1 250册在发行当天就销售一空。在这部书里，达尔文旗帜鲜明地提出了"进化论"的思想，说明物种是在不断的变化之中，是由低级到高级、简单到复杂的演变过程。

《物种起源》一书集中表述了达尔文的进化论思想，第一次把生物学建立在完全科学的基础上，以全新的生物进化思想，推翻了"神创论"和物种不变的理论。马克思赞扬道："达尔文的著作非常有意义，这本书可以作为我研究历史上阶级斗争的自然科学根据。"恩格斯将进化论、细胞学说、能量转换与守恒定律誉为19世纪自然科学三大发现。

施 莱 登

施莱登出生于德国一个医生家庭，中学毕业后，在海德堡大学攻读3年法律并获得博士学位后，回到汉堡从事律师工作。施莱登性情傲慢，脾气暴躁，情绪容易大起大落。由于律师工作不顺利，他长期处于抑郁状态，1831年竟然企图自杀，被抢救过来后，他再也不愿从事律师工作了。

1833年，施莱登开始研究自然科学。1835年进入柏林大学学习，遇到逗留在德国的布朗。布朗鼓励他研究植物的组织，并向他讲解自己发现的细胞核，这对施莱登一生的科学活动起了决定性影响。

在批判地继承前人成就的基础上，1838年，施莱登提出了一个关于细胞的生命特征、生理过程、生理地位等方面的理论，它标志着第一个较为系统的细胞学说的建立。在细胞的生命特征方面，施莱登指出细胞生命的两重性，即细胞具有自己生命特征的同时，还具有作为整个机体的组织结构的生命特征。在细胞的生理过程方面，施莱登认为新细胞是从旧细胞中产生出来的，而细胞核是产生新细胞的母体。在细胞的生理地位方面，他指出细胞是一切植物体借以生存和成长的根本实体，是植物生命体的基本构成单位。

施莱登的细胞学说发表之后，即为当时德国不少生物学家所接受，而且一些生理学家和胚胎学家还将施莱登的细胞学说作为生理学和胚胎学的理论基础。1839年，德国动物学家、生理学家施旺发表《动植物结构和生长相似性的显微研究》一文，把施莱登的细胞学说成功地引入动物学，建立起生物学中统一的细胞学说。

  1840年，施莱登被任命为耶拿大学植物学副教授。1848年出版科普性读物《植物及其生活》，成为当时最成功的科普工作者之一。但与耶拿大学领导发生冲突，他们认为这是不专心从事教学和科学研究工作的表现，施莱登坚持自己的做法，最后愤然辞职。1881年，施莱登在法兰克福去世。细胞学说与达尔文的进化论、孟德尔的遗传学被称为现代生物学的三大基石，而细胞学说可以说是后两者的"基石"。

微 耳 和

1821年10月13日，鲁道夫·微耳和出生在德国北部的平原地区。1838年，他以优异的成绩考入柏林大学，师从当时著名生理学家弥勒学习，并于1843年获医学博士学位。在弥勒教授的指导下，他不仅对生理学、解剖学、组织学和古人类学等较多的学术领域发生了浓厚的研究兴趣，而且逐渐形成一套在当时称得上非常先进的治学方法，已经具备成为一名科学家的基本素养。

微耳和的第一篇学术著作是《关于白细胞病变的成因分析》，该文至今仍是白血病研究的经典文献。微耳和最重要的贡献是将细胞学说应用于病理研究，进而创立了细胞病理学。他在1855年发表的一篇有关细胞病理学的文章中，第一次提出了"一切细胞来源于细胞"的著名论断。

1858年，微耳和总结出了关于细胞学说与疾病原因关系的详细见解，汇集成《细胞病理学》一书。在这部被称为病理学经典的著作中，他指出，细胞是生命的基本组成单位，疾病是人体局部组织结构当中的细胞发生病变的结果，如发炎、癌症等病症都根源于细胞的病变发育。只有找到控制这些病变细胞的办法，才能够从根本上治疗疾病。《细胞病理学》一书成为当时宣扬生物医学新思维的划时代著作，它使人类对疾病的研究深入到一个更高的层次。

1859年，微耳和进入柏林市议会，1862年入选为普鲁士议会议员。1880年，他又当选为统一之后的德意志帝国议会议员，逐渐成为德国自由进步党的领导人之一。他是近代历史上罕见的身兼学术和政务二职并都取得举世瞩目成就的伟大科学家！1902年5月，微耳和遭遇了一次交通事故，卧床数月之后，于9月5日安详地在家中去世，享年81岁。德国人民为他举行了隆重的国葬。

焦　耳

1818年12月24日，焦耳出生在曼彻斯特一个酿酒厂主家庭。他自幼跟随父亲学习酿酒技术，并没有受过正规的学校教育。但是他勤奋好学，对自然科学表现出浓厚的兴趣。焦耳17岁时结识了英国著名科学家道尔顿，并得到了热情教导和帮助。道尔顿传授的理论和实践相结合的科研方法，对焦耳一生的科学研究都有重要的指导意义。

1840年起，焦耳发表了一系列论文，提出电流通过导体产生热量的定律，1842年俄国著名科学家楞次也独立发现了同样的规律。这一规律被称为焦耳—楞次定律，它为揭示电能、化学能、热能的等价性打下了基础，敲开了通向能量守恒定律的大门。

焦耳的主要贡献是发现并测定了热和机械功之间的当量关

系。1843 年，他发表了《关于电磁的热效应和热的功值》一文，指出自然界的能是不能消灭的，消耗的机械能总能得到相当的热量，热只是能的一种形式。这一宣布打破了统治多年的所谓热质说的机械唯物论观念，在当时立即引起轰动。

在 1840~1879 年间，焦耳用了近四十年的时间不懈地钻研和测定热功当量，并得出结论：热功当量是一个普适常量，与做功方式无关。1850 年，焦耳被选为英国皇家学会会员，此后他仍不断改进自己的实验。

1852 年，焦耳和汤姆孙（即开尔文勋爵）合作发现气体自由膨胀时温度下降的现象，被称为焦耳—汤姆孙效应。这一效应在低温和气体液化方面有广泛的应用。后人为了纪念他，在国际单位制中把功和能的单位定为"焦耳"。

焦耳晚年时健康状况恶化，经济状况也大不如前。这位曾经富有却没有固定职业的人在生活上陷入窘境，幸而一位朋友帮他得到一笔每年 200 英镑的养老金，使他得以维持中等而舒适的生活。1889 年 10 月 11 日，焦耳逝世，享年 71 岁。英国政府为他在威斯敏斯特教堂建造了纪念碑。

巴 斯 德

1822年，路易斯·巴斯德出生在法国多尔镇一个普通工人家庭。1843年，他以优异成绩考入巴黎高等师范学院，攻读化学。虽然是半工半读，勤奋却使他出色地完成了各门功课，实验能力也是出类拔萃。1854年，他担任里尔大学教授，开始研究发酵现象并发现了乳酸菌。

巴斯德早期致力于晶体结构方面的研究，并取得了重要成就，1854年以后逐步转入微生物学领域，开始研究发酵问题。1857年，先后发表《乳酸发酵》、《酒精发酵》等论文，证实发酵是由微生物引起的。由此，发明了防止葡萄酒变酸的高温密闭灭菌法，后来称为"巴氏灭菌法"。这一技术使法国的葡萄酒商获得巨额利润，并被广泛应用到牛奶等其他食品领域。

蚕病是19世纪60年代法国亟须解决的问题，通过控制繁殖过程以去除病变卵，巴斯德挽救了法国的丝绸业，使其免受灭顶之灾。炭疽是一种发生在家畜身上的可怕传染病，还会传染给人类。巴斯德证明它是由一种特殊的细菌引起的，并找到了正确的预防、治疗方法。

巴斯德于 1860 年荣获科学院实验生理学奖，1862 年当选为法国科学院院士。巨大成功的背后是他异于常人的艰辛劳动。1865 年，慈父去世，一年后爱女夭亡，在此沉重打击下，他仍拼命工作，甚至每天达 18 个小时，他说，"只有工作才能使我忘却无限的悲痛。"1868 年 10 月，巴斯德突发脑出血，以致半身不遂。病情稍有好转，即开始工作，带病完成了人类发展史上最重要的发现。

巴斯德经过深入研究，发现狂犬病的病症主要表现在神经系统上。1885 年 6 月，他第一次通过注射疫苗治愈了一名患狂犬病的男孩。从此，狂犬疫苗进入实用阶段，这是巴斯德最著名也是最重要的发明。法国政府在巴黎建立了"巴斯德研究所"，以表彰他在微生物学方面的杰出贡献。

科 赫

　　罗伯特·科赫孩童时就表现出非凡的智慧，并对生物学有着浓厚的兴趣。1866年毕业于德国哥廷根大学医学院，获医学博士学位。毕业后先是在部队当军医，后在一个小镇当医生。科赫证明了炭疽杆菌是引起炭疽病的原因。他认为每种病都有一定的病原菌，这在医学史上是具有划时代意义的发现。1882年3月24日，科赫在德国柏林生理学会上宣布他已经成功地分离出肺结核的致病菌。这一年，他还出版了有关结核杆菌的经典著作。

　　1883年，科赫根据自己分离致病菌的经验，总结出了著名的"科赫法则"。科赫法则为医学研究提供了一个基本框架，也为整个现代细菌学的研究奠定了基础，其内容如下：任何情形下病原微生物都必定存在；此病原微生物可从患病动物分离得到纯培养物；将分离出的纯培养物人工接种敏感动物时，必定出现该疾病所特有的症状；从人工接种的动物可以再次分离出性状与原有病原微生物相同的纯培养物。

1890年，科赫提出用结核菌素治疗结核病。在经过严谨的科学研究之后，他提出了控制霍乱流行的法则，这些法则于1893年被各大国批准并形成至今仍沿用的控制霍乱方法的基础。他还发现了阿米巴痢疾和两种结膜炎的病原体。

为了表彰他在治疗结核病方面的研究成就，1905年，科赫被授予诺贝尔生理学或医学奖。1906年，他获得德国政府颁发的普鲁士荣誉勋章。他成为海德堡大学和博洛尼亚大学的荣誉博士。

1982年3月24日，在纪念科赫发现结核杆菌一百周年之际，世界卫生组织和国际防痨与肺病联合会共同倡议，将每年的3月24日定为"世界防治结核病日"，以表达对科赫的纪念及提醒公众对结核病防治的重视。

诺 贝 尔

诺贝尔，1833年10月21日出生在瑞典的斯德哥尔摩。父亲是位实业家，他不仅遗传给诺贝尔发明创造的资质，而且教授儿子工程学的基础课程。1842年，诺贝尔随家迁徙到俄国的圣彼得堡，同年赴巴黎学习化学。1843年开始又远赴美国工作和学习了4年。

返回圣彼得堡后，诺贝尔一边工作一边研究，直到1859年父亲工厂破产为止。1859年，诺贝尔获得关于气量计、水表和气压计的专利，激发了他作为一个发明家的兴趣。1863年10月，他获得雷管的发明专利权，这项发明被人们称之为"诺贝尔引燃器"。

1867年，诺贝尔用硅藻土吸收硝化甘油制成稳定的黄色炸药。1875年，制成由火棉与硝化甘油混合形成的具有弹性的爆胶。这种炸药既有硝化甘油那样大的爆炸力，又具有黄色炸药那样的安全性。1887年，诺贝尔又用等量火棉和硝化甘油加入10%樟脑制成巴里斯特炸药，又称硝化甘油无烟火药。1888年，又发明了用来制造军用炮弹、手雷和弹药的无烟炸药，亦称"诺贝尔爆破炸药"。1896年12月10日，诺贝尔在意大利的圣雷莫逝世。他终身未婚。

门捷列夫

门捷列夫出生在俄国一个中学校长家庭。他出生没几个月,父亲双目突然失明,接着又失去了校长的职务。为了维持生计,全家搬到附近一个村子,因为舅舅在那里经营一个小型玻璃厂,能够对他们在经济上有所帮助。1842年秋,不满七周岁的门捷列夫竟然考入市中学,在当地被誉为神童。不料家道多艰,13岁时,父亲去世,舅舅的工厂也被火灾化为灰烬。

为了让门捷列夫进一步求学,母亲不惜变卖家产。在亲友的帮助下,门捷列夫进入了圣彼得堡师范学院化学系学习,并成为优等生。1854年大学毕业并获得学院颁发的金质奖章,1857年他被批准为圣彼得堡大学化学教研室副教授,31岁成为教授。

门捷列夫一生在化学上贡献甚多,最大贡献是发现化学元素周期律。他在纽兰兹等人研究的基础上，于1869年根据自己的研究成果正式公布了元素周期律：按照原子量大小把元素排列起来，在性质上具有明显的周期性；原子量决定元素的性质；可以根据原子量和元素性质预告没有发现的元素；可以根据周期性修正已有元素的原子量。

门捷列夫发现的元素周期律说明，化学元素有着系统的分类体系，它们当中存在着一条严整的自然序列。这一发现为化学研究提供了新的理论基础，被称为化学研究的"圣经"。

门捷列夫同时公布了第一张元素周期表，他在周期表中排列了已经知道的63种元素，中间留下了许多空白给那些未发现的元素。他还大胆预测了当时科学界尚未发现的三种元素"类硼"、"类铝"和"类硅"是存在的，并详细描述了这些未知元素的属性。

1872年，门捷列夫发表了改进后的化学元素周期表。在这个表中他改变了排列方法，周期横排，性质类似的各种元素竖排。这种排列方法一直沿用到现在。1895年，门捷列夫在周期表中补充了惰性元素族，进一步发展了元素周期律。1907年2月2日，门捷列夫因心肌梗塞与世长辞。1955年，化学界为纪念门捷列夫发现元素周期律，将101号元素命名为"钔"。

莫　顿

　　1819年，威廉·莫顿出生在马萨诸塞州的查尔顿。他青年时就读于巴尔的摩口腔外科学院，1842年开始当牙科医生。1842~1843年间，与同样对麻醉剂感兴趣的牙科医生霍勒斯·威尔斯合作，但两人发生分歧不欢而散，后来竟然为了争夺专利权而付诸诉讼。

　　在同行的建议下，莫顿开始尝试用乙醚来做麻醉剂。1846年9月3日，一个牙痛患者情愿接受能缓解拔牙之疼的任何疗法，莫顿给他吸入乙醚，随后拔出他的牙，患者竟没有感到丝毫疼痛！不过，麻醉剂的初试成功，并没有引起公众的注意。

　　于是，莫顿征得了马萨诸塞州总院资深外科医生约翰·瓦伦博士的帮助。在瓦伦博士的支持下，他进行了一场麻醉剂的实用表演。他给一位外科病人吉尔伯特·阿博特吸入乙醚，然后由瓦伦博士为昏迷中的病人开颈取瘤。这次表演证明麻醉剂确实有效，带来了轰动效应，各家报纸纷纷报道。这一天是1846年10月6日，医学史上将永远铭记这一天！

手术几天后，莫顿和杰克逊递交了一份专利申请。虽然他们很快就被授予专利权，却引起了一场对优先权的争夺。莫顿要求把引用麻醉剂的主要功劳归为己有，而遭致杰克逊、威尔斯等人的反对。他为打官司争夺优先权的代价很快就超出了他的专利权所带来的金钱。莫顿心灰意冷，穷困潦倒，于1868年在纽约去世，年仅49岁。麻醉剂的发明为人类减轻了痛苦，而为人类带来福音的3位外科医生却上演了一幕争夺专利优先权的悲剧，提及不能不令人遗憾！

乙醚麻醉剂的引用在人类发展史上具有重大意义。没有麻醉剂，精细或长时间的手术就无法进行，甚至连很简单的手术也会受到限制，以致医生空有高超的医术，却无法为病人解除痛苦。这其中莫顿的贡献不可忽视。

利 斯 特

利斯特 1827 年出生于英国埃塞克斯，从小就对医学感兴趣，并立志长大后要当一名外科医生。1852 年，他从伦敦大学医学院毕业，获得医学学士学位。1861 年，利斯特在格拉斯哥皇家医院当外科医师期间，创造和发展了外科消毒手术方法。

利斯特发现使用麻醉剂给病人动手术时，有时病没有治好，却会导致伤口化脓甚至死亡。在仔细研读著名细菌学家巴斯德的著作之后，他明白了：物质之所以腐烂，是细菌在作怪；导致伤口化脓的罪魁祸首也是细菌。经过大量的实验，他终于找到了碳酸这种有效的杀菌剂。因为碳酸能防止腐烂，当然也就能杀菌。

1865 年 8 月 12 日，在第一次临床实验上，利斯特获得了出乎意料的成功。灭菌法诞生以后，外科手术的应用变得十分广泛，从摘除白内障到心脏移植，不仅使病人的痛苦大为减轻，而且挽救了许多生命。1867年，他公布了自己的这一重要研究成果，许多医院纷纷借鉴，为临床医学的发展作出了重要贡献。

1869年，利斯特被任命为爱丁堡大学临床外科主任。任职7年间，他声名鹊起。1875年，利斯特赴德国讲授他的外科消毒法。次年，他赴美国进行类似的学术访问，但大多数医生依然不相信他的方法。

1877年，利斯特出任伦敦帝国学院临床外科部主任，任职达15年之久。在伦敦，他的外科消毒法引起了医学界极大的兴趣，并为更多的医生所接受。在他去世前，消毒外科学的主要原理已经普遍地为医生所采纳。外科消毒法被称为19世纪医学史上的一场革命，也是利斯特对人类的一大贡献。直到今天，人类仍在从这项发明中受益。

孟 德 尔

1822年7月22日，孟德尔出生在奥地利西里西亚附近一个农民家庭。受父母影响，他从小就热爱园艺事业。因家境贫寒，他没有读完大学就到布尔诺城的奥古斯丁修道院做了一名修士，并于4年后即1847年获得牧师职位。

1851~1853年，孟德尔在维也纳大学学习自然科学。学成后，回到布尔诺城一所中学任博物学教师。他结合教学，从事植物的杂交实验工作，终于发现了遗传规律，并在1865年的布尔诺城自然科学协会上，发表了他的研究成果——遗传定律，但一直处于被埋没状态。直到20世纪初，孟德尔的研究价值才重新被发现，从而确立了他在遗传学上的地位。

1868年，孟德尔被任命为布尔诺城他所在修道院的院长，并在那里做了无数次的豌豆实验。通过对豌豆、玉米、紫罗兰和紫茉莉等进行反复实验研究，孟德尔发现并总结了生物遗传的基本规律，即分离定律和自由组合定律，后来人们分别称之为"孟德尔第一定律"和"孟德尔第二定律"。他把自己的研究成果写成论文，寄给权威刊物却受到冷遇。然而，孟德尔在论文中首先提出的遗传单位即"基因"的概念，具有划时代的意义。

1884年1月6日，孟德尔去世。在同时代人中一直默默无闻的孟德尔，对于自己所信奉的真理从未产生过丝毫动摇，他说过："我的时代一定会到来的。"这句话被镌刻在修道院小花园前面的纪念碑上。

1900年，德国的柯灵斯、荷兰的德弗里斯和奥地利的切尔马克分别在不同的国家，都得到了与孟德尔相同的结果。他们为孟德尔早就如此深入地研究了遗传现象感到震惊，于是都自称是"证实了孟德尔学说"，而把孟德尔誉为"遗传学的奠基人"。1900年，成为遗传学史乃至生物科学史上划时代的一年。从此，遗传学进入了孟德尔时代。

法 布 尔

　　法布尔出生在一个贫苦农民家庭，孩童时就对周围的生物世界充满了强烈的兴趣。15岁考入师范学校，毕业后任中学数学教师。任教期间，对动植物世界的探究兴趣一直伴随着法布尔，他立志要当一名昆虫学家。

　　1854年，31岁的法布尔拿到了自然科学的博士学位。1857年，他发表了《节腹泥蜂习性观察记》一文，修正了当时昆虫学祖师莱昂·杜福尔的错误观点，由此赢得了法兰西研究院的赞誉，被授予实验生理学奖。这期间，他还将精力投入到对天然染色剂茜草或茜素的研究中去，当时法国士兵军裤上的红色，便来自于茜草粉末。1860年，法布尔获得了此类研究的三项专利。此后，他携全家在奥朗日定居，一住就是十余年，在那里，他完成了长篇巨著《昆虫记》的第一卷。

1879 年，法布尔买下了塞利尼昂的荒石园，他在那儿一直居住到逝世，并完成了《昆虫记》的后九卷。如今，这所故居已经成为博物馆，静静地坐落在有着浓郁普罗旺斯风情的植物园中。

《昆虫记》是法布尔的不朽名著。他耗尽毕生时间来观察昆虫世界的变化，用隽永的文笔记下了各类昆虫的生活习性，生动地描写出昆虫世界中劳动、婚恋、繁殖以及死亡的全过程，渗透了作者强烈的人文关怀和睿智的哲思。

法布尔以研究昆虫尤其是研究膜翅目、鞘翅目、直翅目昆虫及蜘蛛的生活习性著称，用大量翔实的第一手资料将纷繁复杂的昆虫世界呈现在读者面前，集知识性和趣味性于一身，让读者在轻松阅读中走进具有神秘色彩的昆虫世界。《昆虫记》因此被称为"昆虫的史诗"，法布尔也被誉为"昆虫世界的维吉尔"、"科学诗人"。

开 尔 文

开尔文，原名 William Thomson，1892 年被英国政府封为开尔文勋爵，他由此改名为开尔文。开尔文 1824 年 6 月 26 日出生在英国爱尔兰的贝尔法斯特，孩童时就勤学好问，10 岁时进格拉斯哥大学预科学习，1845 年毕业于剑桥大学。

1846 年，开尔文受聘为格拉斯哥大学物理学教授。1848 年创立了热力学温标，1851 年提出热力学第二定律。1852 年，他与焦耳合作进一步研究气体的内能，对焦耳气体自由膨胀实验做了改进，发现了焦耳-汤姆孙效应，即气体经多孔塞绝热膨胀后所引起的温度的变化现象。这一发现成为获得低温的主要方法之一。

1856 年，开尔文从理论研究上预言了一种新的温差电效应，即当电流在温度不均匀的导体中流过时，导体除产生不可逆的焦耳热之外，还要吸收或放出一定的热量，这一现象后来叫"汤姆孙效应"。

开尔文研究了电缆中信号传播情况，解决了长距离海底电缆通讯的一系列理论和技术问题。1858年协助铺设了第一条大西洋海底电缆，这是他相当出名的一项工作。在电工仪器方面，他的主要贡献是建立电磁量的精确单位标准和设计各种精密的测量仪器。他发明了镜式电流计，大大促进了电测量仪器的发展。1881年，开尔文对电动机进行了改造，大大提高了电动机的实用价值。

流体力学特别是其中的涡旋理论成为开尔文最喜爱的学科之一，1876年他发明了适用于铁船的特殊罗盘，这一发明后来为英国海军所采用，而且一直用到被现代回转罗盘代替为止。

开尔文于1890~1895年任伦敦皇家学会会长，1904年任格拉斯哥大学校长。1907年12月17日，开尔文在苏格兰的内瑟霍尔逝世，得到了英国及全世界科学家的深切哀悼，他的遗体被安葬在威斯敏斯特教堂牛顿墓旁。

赫尔姆霍茨

赫尔姆霍茨出生在柏林附近的波茨坦市,父亲在波茨坦高级中学讲授哲学。他幼时因身体虚弱,只能在家里接受启蒙教育。1838年中学毕业后,以在军队服役8年的条件,取得公费进入柏林威廉皇家医学院的资格。1842年获得医学博士学位。

1847年,在柏林物理学会上,赫尔霍姆茨宣读了《论力的守恒》一文,论述了他的能量守恒与转化方面的基本思想,被公认为能量守恒定律的发现人之一。在生理学方面,赫尔姆霍茨发明了检眼镜,他的《生理光学手册》被誉为该学科的经典之作。1863年发表的《音乐的生理学理论》,在听觉方面做了很有价值的思考。

在心理学方面,赫尔姆霍茨承认客观世界的存在,承认感觉是由客观事物引起的，并能正确地反映这些事物的属性。但是，他认为客观事物是千变万化的，我们感觉到的仅仅是事物的现象，是外物的符号或象征，不能认识外物的真正性质。他反对"先验论支持经验论的理论"，有力地推动了实验心理学的建立。

1849年，赫尔姆霍茨受聘为柯尼斯堡大学生理学和普通病理学教授。1855年以后，曾先后在波恩大学、海德堡大学、柏林大学执教。1873年当选为英国伦敦皇家学会的外国会员，被授予柯普利奖章。1882年受封爵位。1887年被任命为新成立的柏林夏洛滕堡物理技术学院院长。1894年9月8日，赫尔姆霍茨因脑中风病逝于德国柏林。

作为物理界名人，赫尔姆霍茨在19世纪80年代时已经成为德国科学界毋庸置疑的领袖人物。他指导过的许多学生后来都成为重要的物理学家，他或许在个人热情和幽默感上有所不足，但他的正直、真诚以及学术魅力却深深地吸引着学生。创立量子论的普朗克就曾这样描述自己对赫尔姆霍茨的感情："和他交谈时，每当他用那种镇静、透彻、敏锐却又那么和蔼的眼神看着我时，我心中便会涌起一种无尽的子女对父母般信赖与爱的感觉……"

麦克斯韦

麦克斯韦1831年6月13日出生在苏格兰爱丁堡一个贵族家庭，从小便显露出非凡的数学天赋。14岁时就发明了用大头针和棉线作出准确椭圆的方法，并将其整理成小论文发表在爱丁堡皇家学会的刊物上，由此获得爱丁堡学院数学奖。1847年，16岁的麦克斯韦中学毕业后进入爱丁堡大学学习数学、物理学和哲学。

1850年，麦克斯韦转入剑桥大学三一学院，主攻数学和物理学。1854年以优异成绩毕业，并留校任教。1855年，麦克斯韦发表了《论法拉第的力线》一文，第一次采用几何学的方法，对法拉第的磁力线概念作出准确的数学表述。他在1862年发表的《论物理的力线》中提出了"位移电流"和"涡旋电场"等概念，发展了法拉第的思想，是电磁理论首次较为完整的表述。

1873年出版的《电磁学通论》一书是麦克斯韦集电磁学大成的划时代著作，全面地总结了19世纪中叶以前对电磁现象的研究成果，建立了完整的电磁理论体系。这是一部可以同牛顿的《自然哲学的数学原理》、达尔文的《物种起源》和赖尔的《地质学原理》相媲美的里程碑式的著作。爱因斯坦称之为"物理学自牛顿以来的一场最深刻最富成果的变革"。

麦克斯韦在电磁学领域引入了位移电流的概念，建立了一组微分方程。这组方程确定了电荷、电流、电场、磁场之间的普遍联系，是电磁学的基本方程。麦克斯韦认为：空间某处只要有变化的磁场就能激发涡旋电场，而变化的电场又能激发涡旋磁场。交变的电场和磁场互相激发就形成了连续不断的电磁振荡即电磁波。电磁波的速度只随介质的电和磁的性质而变化，由此可证明电微波在真空中传播的速度，等于光在真空中传播的速度。这就是麦克斯韦创立的著名的光的电磁学说。

1879年11月5日，麦克斯韦因病在剑桥逝世，年仅48岁。量子论的创立者普朗克说："麦克斯韦的光辉名字将永远镌刻在经典物理学家的门扉上，永放光芒。从出生地来说，他属于爱丁堡；从个性来说，他属于剑桥大学；从功绩来说，他属于全世界。"

玻尔兹曼

路德维希·玻尔兹曼1844年2月20日出生在维也纳一个政府官员家庭。他自幼聪明好学，博览群书。15岁时父亲病逝，家庭经济陷入困境，他依然笃学不倦。1863年，19岁的玻尔兹曼考入维也纳大学攻读物理学和数学。1866年秋天，就在他还差两个月要获得博士学位的时候，玻尔兹曼被奥地利皇家科学院物理研究所接纳为副教授。1868年，他获得在大学开课和举行讲座的资格，一年之后成为格拉茨大学数理科学的首席教授。

玻尔兹曼是统计力学的创始人。1868年，他在《关于运动质点活力平衡研究》一文中，把统计学的思想引入分子运动论。他还通过熵与几率的联系，直接沟通了热力学系统的宏观与微观之间的关联，并对热力学第二定律进行了微观解释。在统计力学的理论方面，玻尔兹曼常数具有相当重要的地位。

1872年，玻尔兹曼著文提出关于能量的离散水平的概念，从而为创立量子力学开辟了道路。他提出的统计学方法在现代物理学发展中也具有巨大作用。1898年，玻尔兹曼仿佛预感到要对量子力学进行统计学诠释，在气体理论的讲义当中写道："我还应当指出一种可能性，个别分子运动的基础方程充其量不过是给出平均值的近似公式……而且这些公式的获得只能是在概率论的基础上进行长期观察的结果。"

玻尔兹曼曾在维也纳大学、慕尼黑大学及莱比锡大学等学校任教，不仅在科学研究方面取得了出色的成绩，而且为培养科研人才作出了贡献。不管在哪所大学，他都在为捍卫原子论进行着不屈不挠的斗争。玻尔兹曼是原子论的倡导者和捍卫者，但是他却没有看到原子论大获全胜的那一天。尤其在生命的最后阶段，理论上曲高和寡，还要遭受疾病的折磨，玻尔兹曼完全陷于绝望之中，1906年9月5日，他以自杀结束了自己悲壮的一生。他被埋葬在维也纳中央墓地，在他的大理石墓碑上有一个半身雕塑以及著名方程式：$S=k\ln W$。

伦 琴

1845年3月27日，伦琴出生在德国尼普镇一个富裕的布匹商人家庭。3岁时全家迁居到荷兰的阿佩尔顿。1865年，伦琴进入苏黎世联邦工业大学机械工程系学习，1868年毕业，1869年获博士学位。他出色的研究才能引起了当时在学院担任教授的著名物理学家奥古斯都·昆德的关注，并被昆德委任为实验室首席助理。

1870年，伦琴与老师昆德一起返回德国，先后随昆德在维尔兹堡大学和斯特拉斯堡大学任教。1894年，他当选为维尔兹堡大学校长，同时开始进行真空玻璃管里放电现象的实验研究工作。1895年11月8日晚上，伦琴在进行阴极射线的实验时，将密封的玻璃管用厚黑纸完全覆盖起来，以避免光线干扰。可是当他接通阴极射线管的电路时，惊奇地发现在附近一条长凳上的一个荧光屏开始发光，好像受一盏灯的感应激发出来的。他断开阴极射线管的电流，荧光屏即停止发光。

由于阴极射线管完全被覆盖，伦琴很快就认识到当电流接通时，一定有某种不可见的辐射线自阴极发出。于是，他把这种神秘的辐射线称为"X射线"——"X"在数学上通常用来代表未知数。他让妻子把手放在射线和照相底片之间，经过片刻便取出底片显影，这便是世界上首张"X光照片"。那上面清晰可见伦琴夫人手骨的结构，还有手上所戴戒指的阴影。

1895年12月，伦琴写出了他的第一篇X射线的论文，发表后立即引起人们极大的兴趣。他说："很快我们就发现，在这些射线面前，所有的物体都是透明的，尽管透明的程度各不相同。"1896年1月20日，美国医生已经应用伦琴射线首次对病人的骨折进行准确的诊断，伦琴的科学发现大大推动了医学的进步。

1896~1897年间，伦琴又发表了两篇关于X射线的学术论文，但是此后他的兴趣就转向了其他领域。1900年，伦琴担任慕尼黑大学物理学院的教授和院长。1901年诺贝尔奖第一次颁发，伦琴就由于这一发现而成为第一位获得诺贝尔物理学奖的科学家。1923年2月10日，伦琴由于身患癌症在慕尼黑去世。

奥　　托

奥托出生在一个贫寒的制表匠家庭。父亲因积劳成疾去世之后，身为长子的他，不得不中断学业，过早肩负起生活的重担。他曾在科隆工匠铺打工，还在法兰克福当过职员，做过推销员。在养家糊口的日子里，他白天努力工作，晚上如饥似渴地阅读机械制造等方面的书，坚韧不拔的奋斗精神为奥托日后走向成功奠定了基础。

在奥托生活的时代，德国已经有人发明内燃机，不过存在着实用性不强等缺点。奥托下决心要改造内燃机，使它变成实用型的。从此，他走上了一条发明创造之路，也是一条影响人类文明进程之路。1861~1864年，奥托陆续进行了多种内燃机制造技术的发明，并在德国以及其他一些国家和地区相继获得专利。1863年，他找到赞助伙伴兰根，办了一家小工厂，不断改进发动机。1867 年，奥托的两冲程发动机在巴黎世界博览会上荣获金奖。

1876 年，奥托设计、制造出世界上第一台四冲程循环内燃机样机。这台内燃机性能可靠、热效率高、运行噪音小，在燃料消耗等许多方面都要比前人发明的内燃机好出许多，发明当年即获专利，并获得商业上的成功。在法国巴黎举办的万国博览会上，奥托的四冲程循环内燃机获得了公认的金奖。他是第一个应用四冲程循环原理制成内燃机的人，所以人们习惯上用"奥托循环"来称呼点燃式的四冲程内燃机循环。

奥托循环是当今世界上所有内燃机设计和制造都必须共同遵循的基本热力循环方式，它的出现为后来人类动力工程事业的蓬勃发展带来了前所未有的契机，足以称得上是人类动力科学史上的一大创举。1891 年 1 月 26 日，奥托因心脏病突发在科隆去世，年仅 59 岁。科隆市民为他举行了隆重的葬礼，这也算是对他发明功绩的一种认可吧！

本　茨

卡尔·弗里德里希·本茨，于1844年以遗腹子的身份出生在德国。父亲是一位火车司机，在他出生前因事故去世。中学时期，他就对自然科学有着浓厚的兴趣，1860年进入卡尔斯鲁厄综合科技学校学习。在这所学校，本茨较为系统地学习了机械构造、机械原理、发动机制造、机械制造经济核算等课程，为日后的发展打下了良好基础。

1872年，本茨组建了奔驰铁器铸造公司和机械工厂，专门生产建筑材料。由于该行业的低迷状态，他又转向了刚刚起步的新生行业——发动机制造业。经过几年潜心研究，他于1879年12月31日晚研制成功一台单缸二行程发动机。1885年，本茨制造出世界上第一辆汽车。

1886年1月29日，本茨研制成功单缸汽油发动机，取得了世界上第一个"汽车制造专利权"。1月29日因此被称为"世界汽车诞生日",他被誉为现代汽车工业的先驱者之一。

1893年,本茨成功研制了性能先进的"维克托得亚"牌汽车。但由于造价原因,这种汽车并没有普及起来。后来他听从汽车经销商的建议,于1894年开发生产出更为便宜的机动车。这是世界上第一种批量生产的机动车,给本茨带来了较高的利润。后来,他又生产出世界上第一辆公共汽车。1929年,本茨去世。

贝　　尔

亚历山大·贝尔，1847年3月3日出生在苏格兰的爱丁堡。父亲是一位嗓音生理学家，也是一位教授聋人的专家。1862年，贝尔进入著名的爱丁堡大学，选择语音学作为自己的专业。1867年，他毕业后又进入伦敦大学攻读语言学。就在此时，英国发生大规模瘟疫，贝尔先后失去两个兄弟，父亲带着全家迁居加拿大以躲避瘟疫。1869年，22岁的贝尔受聘为美国波士顿大学语言学教授，担任声学讲座的主讲。

1875年6月2日傍晚，经过反复实验，28岁的贝尔终于制成了世界上第一台实用电话机，并于第二年获得专利权。1876年，贝尔接受了费城万国博览会百年纪念奖证书，同年还获得波士顿大学理学博士学位。1877年，贝尔获得5万法郎的伏尔泰奖金，并成为法国荣誉军团的成员。这一年，他成立了世界上第一个电话公司——贝尔电话公司，开始电话的商业运作。

贝尔还制造了助听器，改进了爱迪生发明的留声机，他对聋哑语的发明贡献甚大。他的研究领域还涉及空调、水翼船及信息磁存概念等。他是世界上第一个金属探测器的发明者。1875~1922年间，他从美国政府那里就取得了30项专利权。1942年，贝尔在加拿大巴德克逝世，享年95岁。

爱 迪 生

爱迪生1847年2月11日出生在美国的米兰小镇，7岁时全家搬到格拉蒂奥特堡定居下来。8岁上学，仅仅读了三个月的书，就被老师斥为"低能儿"而撵出校门。从此以后，母亲成为他的家庭教师。为了维持生计，他11岁就到火车上卖报。爱迪生15岁那年，救了一个在铁轨上玩耍的小男孩。孩子的父亲为他在火车站谋了一个职位，并亲自把收发电报的技术传授给他。

1868年，爱迪生因一台自动记录投票数的装置而获得了第一项发明专利权。1869年10月，他与波普一起成立了"波普-爱迪生公司"，专门经营电气工程的科学仪器。1879年，他创办了爱迪生电力照明公司，1880年白炽灯上市销售。1890年，爱迪生将其各种业务组建成为爱迪生通用电气公司。1931

年10月18日,这位伟大的科学家因病去世,享年84岁。

爱迪生一生共有两千多项发明,其中1093项获得了发明专利权。他最主要的三大发明——留声机、电灯和电力系统、电影摄影机,丰富和改善了人类的文明生活。

爱迪生在做电报技师的时候,着手改良传统发报机,制造出二重发报机。1874年又研发出四重发报机,也就是同步发报机。在无线电还没有发展的当时,同步发报机是一项重大的突破。

爱迪生改良了电话机,经过一次又一次的实验,终于突破传统的窠臼,制造出碳粉送话器,一举提高了电话的灵敏度、音量及接收距离。他还发明了复印机,1876年厂家已经开始批量生产他发明的复印机。1877年12月,在爱迪生的努力之下,有了人类有史以来第一次录音。后来爱迪生又多次改良留声机,直到将滚筒式改成胶木唱盘式为止。爱迪生除了改良照明之外,还创造出一套供电系统,而且推出了可以持续照明1 200小时的竹丝灯泡。

路易·卢米埃尔

路易·卢米埃尔出生在法国贝尚松一个手工业者家庭,他还有个哥哥奥古斯特·卢米埃尔(1862~1954年),摄影史上的许多发明都是两兄弟一起完成的,所以一般把卢米埃尔兄弟并提,不过路易的功劳更大些。

卢米埃尔兄弟的父亲曾做过招牌画匠,后来经营照相馆。在他的影响下,路易·卢米埃尔成为一名出色的摄影家,他擅长协调光影让画面更加优美。爱迪生发明摄影机的消息传到法国后,激起了卢米埃尔兄弟研制电影的兴趣。经过多次实验,1894年底,路易·卢米埃尔用一个类似缝纫机上的偏心轮部件解决了电影放映机发明过程中的终极难题——牵引胶片问题,这一发明至今还在摄影机械中应用。

1895年2月13日,卢米埃尔兄弟获得了"摄取和观看连续照相实验用的机器"的首项专利权。1895年3月30日，机器改善后再获专利权，并正式将此机器定名为"电影放映机"。卢米埃尔兄弟从希腊词汇中寻找词根，创造了"Cinematographe"一词，称呼这种摄影、放映、洗印三种用途合一的新机器，简称为"Cinema"，机器很灵便，总重量不过5公斤。

　　1895年12月28日，巴黎的一些社会名流应卢米埃尔兄弟的邀请，来到卡普辛街14号大咖啡馆的地下室观看电影。观众在黑暗中，看到了白布上的逼真画面。一位记者这样报道："一辆马车被飞跑着的马拉着迎面跑来，我的邻座是一位漂亮小姐，她看到这一景象十分害怕，以致突然尖叫一声站了起来。"这就是世界上第一部真正的电影，它意味着电影技术的诞生。后来，人们把这一天——1895年12月28日定为电影诞生日，卢米埃尔兄弟也被称为"现代电影之父"。

　　卢米埃尔兄弟在研制出世界上第一部电影后，开始从事导演工作，拍摄了几十部短片。他们将生活延展在屏幕上的同时，也将自己光辉的身影定格在人类文明史上！

马 可 尼

马可尼，1874年出生在意大利博洛尼亚市一个富裕的牧场主家庭，1937年在罗马逝世。1894年，马可尼了解到赫兹几年前所做的实验，这些实验清楚地表明了不可见的电磁波是存在的，它以光速在空中传播。马可尼很快就想到，如果利用这种波向远距离发送信号，就会使电报完成不了的许多通信成为可能。经过一年多的努力，他于1895年成功地发明了一种无线电通信装置，1896年在英国做了该装置的演示实验，首次获得了发明专利权。

1897年，马可尼在伦敦设立了无线电报通讯有限公司，从事无线电报的研发工作。1898年7月，他的无线电报装置正式投入商业使用，第一次用无线电为爱尔兰首都都柏林《每日快报》报道了有关金斯汤赛船的情况。马可尼无线电报的发明成功，使海上航行安全得到了保障。

1899年3月28日，马可尼在英国南福兰角建立了一个无线电报站，用来与法国维姆勒之间通信，实现了英国与欧洲大陆之间的无线电通信。同年11月22日，美国第一个无线电通信公司——马可尼无线电报公司正式成立。1900年10月，他在英国普耳杜建立一座大功率发射台，采用10千瓦的音响火花式电报发射机。

1901年12月，马可尼在加拿大纽芬兰市的圣约翰斯港通过风筝牵引的天线，成功地接收到普耳杜电台发来的电报，完成了自英国到加拿大、横越大西洋的无线电通信实验，并取得圆满成功。马可尼的成功在世界各地引起巨大轰动，推动无线电通信走向了全面实用的阶段。1909年，他获得诺贝尔物理学奖。

1916年起，马可尼开始使用可以更有效地传输辐射能的短波无线电波，到1929年，一个世界性的通讯网形成了。马可尼发明的无线电报装置，实现了人类历史上第一次远距离无线电通信。

贝 尔 德

贝尔德1888年出生在伦敦一个牧师家庭,从小体弱多病。大学毕业后到一家电气公司工作,他技术熟练,很短时间就修好了几台要被淘汰的机器,深受公司器重。然而,无情的病魔缠住了贝尔德,他只好辞职养病。

1923年的一天,一位朋友对贝尔德说:"既然马可尼能够远距离发射和接收无线电波,那么发射图像也应该是可能的。"这使他下定决心要完成"用电传送图像"的任务。1924年,贝尔德首次用收集到的旧收音器材、霓虹灯管、扫描盘、电热棒和可以间断发电的磁波灯和光电管等,做了一连串实验来传送图像。经过上百次的实验后,1925年10月2日清晨,当他再一次发动起房间里的机器时,随着马达转速的增加,他终于从另一个房间的映像接收机里,清晰地收到了"比尔"——一个表演用的玩偶的脸。

　　1928年春，贝尔德研制出彩色立体电视机，成功地把图像传送到大西洋彼岸，成为卫星电视的前奏。1930年，他提出了"彩色电视系统"构图，并于1941年12月测试成功。1946年6月8日，贝尔德公演他发明的彩色电视机。从英国电视广播公司（BBC）播出"第二次世界大战胜利大游行"彩色电视节目时，在场的人士都对有颜色的电视影像赞不绝口，感念贝尔德对电视发展作出的成绩。可惜，他已病重在床无缘亲临现场。6天后，这位对人类历史发展有巨大贡献的人物就与世长辞了，年仅58岁。

巴甫洛夫

巴甫洛夫出生在一个乡村牧师的家庭,曾学神学,1870年入圣彼得堡大学学习化学及生理学。1875年进入军事医学院深造,并于1883年获得博士学位。1884~1886年在德国进行心血管和胃肠生理学的研究,1888~1890年在圣彼得堡进行循环和消化生理学的研究,1890~1924年任军事医学院药理学教授,1891年起兼任实验医学研究所生理研究室主任。

巴甫洛夫在学生时代就开始从事心血管神经调节的研究,提出了心脏营养神经的概念。在1890~1924年任生理学教授期间,他开始研究消化生理,揭示了消化系统活动的一些基本规律,设计了巴氏小胃等手术方法。有了这种方法,人们就可以对未麻醉的动物的消化液分泌等功能进行终身观察。

巴甫洛夫是第一个用生理学实验方法来研究高等动物和人

的大脑活动的科学家，创立了大脑两半球生理学和条件反射学说。1890~1930年间，他研究了大脑皮层及皮层下中枢活动的生理机制、皮层的功能镶嵌式、睡眠、神经症的病因等，证明言语功能为人类所特有，是以语词作为刺激的条件反射。

1904年，因"在消化生理学方面的成就，使得这个问题的有关生命的重要方面得到更加清楚的认识"，巴甫洛夫获得诺贝尔生理学或医学奖。十月革命后，在圣彼得堡建立了专门研究条件反射的实验站。晚年他又领导了苏联科学院生理研究所的工作。1930年开始用他的理论来解释及治疗精神病。1936年2月27日，巴甫洛夫与世长辞。

弗洛伊德

1856年5月6日，西格蒙德·弗洛伊德出生在奥地利一个犹太商人家庭。他聪明好学，理解力极强，上小学时就阅读了大量书籍。1873年以优异的成绩考入维也纳大学医学院，1881年获得医学学士学位。由于经济拮据，他毕业后并未从事专职的医学研究，而是开了一家诊所，担任临床神经科医生。

1895年，弗洛伊德与布罗伊尔合著《癔病研究》，开创了精神分析法。他认为被意识所压抑的心理过程转换为躯体的症状表现出来，则成为癔病，可用精神分析的方法治疗。自此，弗洛伊德的研究日渐系统化。1900年，出版《梦的解析》一书。

1908年，弗洛伊德领导成立了维也纳精神分析学会，

1910年发展为国际精神分析协会，著名学者荣格、阿德勒等都曾拜在他的门下。他迅速蜚声全欧，并被邀赴美讲学。1930年被授予歌德奖金。1936年寿辰时，荣任英国皇家学会会员。

弗洛伊德生命的最后16年一直与口腔癌作斗争，但仍坚持工作。在纳粹分子的胁迫下，他于1938年离开维也纳去伦敦居住。1939年9月23日，弗洛伊德因口腔癌在伦敦病逝。

弗洛伊德将精神分析法用于神经性疾病的治疗，系统地阐述了潜意识理论，创造了个性结构的理论，发展和推广了关于焦虑、俄狄甫斯情结、抑郁等心理学理论。弗洛伊德理论中最令世人惊骇的莫过于性学理论，他本人曾说："性是开启心理症难题之门的钥匙。"性心理学成为精神分析学的核心部分。由于弗洛伊德的杰出成就，有人把他与爱因斯坦、马克思一起列为当代对世界影响最大的3位犹太学者。

埃尔利希

保罗·埃尔利希,1854年3月14日出生在德国西里西亚斯特雷伦一个富裕的旅馆主人之家。他生活的时代,肉眼无法看到的细菌正在肆虐猖狂,传染病夺去千万人的生命。他少年时即立下宏愿:"我一定要发明一种神奇的子弹,让它只射杀人体内的病菌,而不致伤害人体。"

埃尔利希1878年获得莱比锡大学医学博士学位后,任柏林大学医学院附属医院助教。1890年在科赫领导的传染病研究所任职。1896~1899年间先后任斯泰格利茨血清实验所及法兰克福实验治疗学研究所的所长。

埃尔利希早年从事生物体内不同组织的研究,1890年后研究免疫问题,帮助贝林生产白喉抗血清,设计单位测定抗毒素量的方法。晚年时专攻化学药物治疗传染病的研究,发明治疗梅毒的有效药六〇六（胂凡纳明），获得1908年诺贝尔奖。1915年8月20日，埃尔利希在巴特洪堡去世。

埃尔利希研究了生物体对染料的亲和力，发现生物体内不同的组织、细胞被染色的能力不同。他发明了活体染色法，并最早研究细胞和组织的染色，发现染料分酸性、碱性、中性三类。

埃尔利希于1877~1878年鉴别了肥大细胞与浆细胞，1879年发现嗜酸性粒细胞。他首先鉴别了髓细胞性白血病的各种类型，第一次提出白细胞按所含颗粒染色特性的分类法。1886年用美蓝为活性染色剂染神经节细胞、神经末梢，1891年用美蓝治疗神经痛。

埃尔利希还创立了侧链学说，就是说细胞具有侧链大分子，当细胞受到毒素（抗原）的作用后，由于受到刺激便产生大量的受体，并自细胞脱落至血液中，中和毒素，即为抗体。1907年，埃尔利希提出侧链学说的基本原理也适用于化学药物对传染病治疗的作用机理。

米 丘 林

米丘林于 1855 年 10 月 27 日出生在梁赞州新米丘林斯克一个农民家庭，曾祖父、祖父和父亲都爱好园艺，这对他日后走上园艺探索之路有很大影响。8 岁时，他已能做嫁接和压条工作。因为家境贫寒，米丘林小学没念完便辍学了。1875 年，他在科兹洛夫铁路站找到一份职员工作，同时用节省下来的钱租下一块荒废的小园地，开始了自己的园艺实验工作。

1888 年，米丘林在距离科兹洛夫城外 6 千米的地方，买到一小块牧场地，把原来所有的果树苗木都移植到那里。后来他发现要获得耐寒的优良果树品种，必须把苗木栽种在比较贫瘠的土地上，因而又另买了一片荒芜的沙地，建立起新的苗圃。在这里，他培育了许多果树品种，如"600 克安托诺夫卡"苹果、蜜饯梨、樱桃等。1928 年，在苗圃基础上建立了米丘林果树遗传育种站。1935年，米丘林逝世于坦波夫州米丘林斯克。

米丘林提出，生物学的基本原则是生物体与生活条件的统一。他认为生物对生活条件有高度选择性，而生活条件对生物的发育和遗传变异则起主导作用。遗传性是生物基本特性之一，在个体发育过程中遗传性也在变化和发展，获得性状可以遗传。

自20岁起，米丘林从事植物育种工作达60年之久，他一生共育成三百多个果树和浆果植物新品种，提出关于定向培育、远缘杂交、无性杂交、驯化等多种改变植物遗传性的原则和方法。米丘林曾为苏联科学院名誉院士和苏联农业科学院院士，并获得列宁勋章和红旗劳动勋章。为了纪念他的功绩，他进行实验的地方——科兹洛夫城被改名为"米丘林斯克"。

费 雪

埃米尔·费雪自幼聪明好学，1869年以全班第一的成绩于波恩大学预科毕业后，遵照父亲的意愿到自家公司经商。但他仍然在库房进行化学研究，以致事故不断，不是发出呛人气味，就是发生爆炸。父亲看他心思不在生意上，就尊重儿子的喜好，让他继续上学了。

1871年，费雪考入波恩大学。一年后，转入斯特拉斯堡大学学习，在著名化学家贝耶尔教授的指导下，他的化学研究有了重要飞跃。1874年获得博士学位时，他才22岁，毕业典礼上，大学学监骄傲地宣布："本校自1567年创立以来，到现在已超过三百年了，本届出了一位最年轻的博士，他就是埃米尔·费雪。"

1875年，贝耶尔去慕尼黑大学任教，费雪当了他的助教，

1879年任副教授。以后曾在埃尔兰根大学、耶拿大学、维尔兹堡大学、海德堡大学、柏林大学等地任教。19世纪80年代期间，费雪对由肼构成的有机化学物质进行研究，开发出能应用到工业上的衍生物，最重要的是发现了苯肼。

1882年，费雪开始对嘌呤进行研究，1885年开始研究糖类，在阐明糖类的结构和性质方面作出了重大贡献，并成功合成了葡萄糖、果糖、甘露糖。由于在糖类以及在嘌呤衍生物、肽等方面的研究成果，1902年，费雪被授予诺贝尔化学奖。

咖啡因最初也是费雪在实验室里合成的，随后被大批量生产。1912年，他发现了巴比妥酸盐以及由苯基衍生而来的物质——镇静安眠剂，促进了现代制药工业的发展。费雪于1914年第一个合成核苷酸，被提名为诺贝尔生理学及医学奖候选人，但评奖委员会认为"再授予他奖金很难说是恰当的"，因而没有选上。

费雪一生为有机化学的发展作出了重大贡献，在生命的最后时期他却很悲观。由于患有皮肤病以及常年面对汞和刺激性很强的化学物质苯肼而引起肠胃失调，1919年7月15日，费雪在柏林去世。

汤 姆 生

1856年12月18日，约瑟夫·约翰·汤姆生出生在英国曼彻斯特郊区。父亲是苏格兰人，以卖书为业。他14岁进曼彻斯特欧文学院学习工程。1880年，24岁的汤姆生以数学荣誉学位考试第二名的成绩在剑桥大学三一学院毕业后，被推选为剑桥大学的教员并在那里度过了一生。1884年，被任命为卡文迪许实验室的实验物理学教授。

汤姆生发现的"电子"是人类认识的第一个基本粒子，这在物理学史上具有划时代的意义。1897年10月，他发表了《阴极射线》一文，系统介绍了阴极射线中的"微粒"。1899年，他正式把这种微粒叫做"电子"。此外，汤姆生还研究了气体放电中带正电粒子的行为，在1912年做氖气实验的时候，发现氖原子存在着两种形态，断言它们实质上是同一种元素，但是具有不同的原子量。汤姆生指出，自然界中存在着原子序数相同而原子量不同的元素，就是同位素。电子是属于次原子级的粒子，汤姆生是证明次原子级粒子存在的第一人，从此打开了次原子级的门户，为他的高徒卢瑟福在核物理学领域内的研究创造了条件。

汤姆生证实电子和物质相互作用的结果会产生 X 射线，而 X 射线和物质相互作用的结果却会产生电子。第一个原子模型即著名的"葡萄干布丁模型"，也要归功于汤姆生。他绘出原子为一球形，充满了正电荷，同时也有相同数目的负电荷。1906 年，汤姆生由于在气体导电方面的理论和实验研究成就而荣获诺贝尔物理学奖。

汤姆生于 1908 年被授予爵位，1912 年以后他缩减了研究工作量，将精力集中在行政工作上。1918 年被任命为三一学院院长。1940 年 8 月 30 日，汤姆生在剑桥去世。他的遗体被火化，葬在威斯敏斯特教堂内，与牛顿、达尔文、卢瑟福等人的坟墓相邻。

齐奥尔科夫斯基

1857年9月5日，康斯坦丁·齐奥尔科夫斯基出生在俄国伊热夫斯科耶镇。他童年时不幸得了猩红热，留下耳聋的后遗症。从此，他无法上学，甚至有些小朋友的游戏也无法正常参加。然而，小齐奥尔科夫斯基并不觉得孤独，他如饥似渴地阅读父亲书房里的那些科技书籍，还常常动手给自己制作玩具，有一次竟然根据书上一幅简单的插图，制出一架观象仪。

齐奥尔科夫斯基凭借非凡的毅力靠自学读完了中学和大学全部课程。1880年，他在卡卢加省博罗夫斯克县立学校任教并开始从事研究工作，研究课题主要有金属气球（飞艇）、流线型飞机、气垫火车和星际火箭的基本原理等。1883年，他在论文《自由空间》中便提出了宇宙飞船的运动必须利用喷气推进原理，并画出了飞船的示意图。

在《用火箭推进飞行器探索宇宙》一文中，齐奥尔科夫斯基在世界上首创液体燃料火箭的设想和原理图，具体阐述了液体火箭的构造，认为可以用液态氧和煤油作为火箭的推进剂，并提出了"质量比"的要领：飞行器起飞质量和推进剂消耗完以后的质量之比值。齐奥尔科夫斯基还在文中推导出在不考虑空气动力和地球引力的理想情况下，计算火箭在发动机工作期间获得速度增量的公式——发射火箭运动必须遵循的"齐奥尔科夫斯基公式"，从科学的角度说明了人类作太空旅行不是不可能的，为研究火箭和液体火箭发动机奠定了理论基础。

齐奥尔科夫斯基在研究喷气飞行原理方面卓有建树，提出了燃气涡轮发动机方案，解决了航天器在行星表面着陆的理论问题，研究大气层对火箭飞行的影响，首次探讨从火箭到人造地球卫星的诸多问题。1929年他提出了多级火箭构造设想，这一富有创见的构想为研制克服地球引力的运载工具提供了依据。1935年9月19日，齐奥尔科夫斯基在卡卢加逝世。

普 朗 克

1858年,马克斯·普朗克出生在德国的基尔。父亲是基尔大学著名的法律教授。普朗克先后在慕尼黑大学和柏林大学学习,曾经在基尔霍夫等人的指导下学习和研究热力学,并于1879年获得博士学位。

1880年,普朗克成为慕尼黑大学物理学讲师,5年后被基尔大学聘为理论物理学特约教授。1889年,基尔霍夫逝世后,普朗克回到母校继任老师的职位,成为柏林大学的教授,并一直在那里工作到1926年退休。1894年,普朗克被选为普鲁士科学院院士。他曾被英国皇家学会吸收为会员,兼任过柏林威廉皇家研究所所长。

普朗克集前人的研究成果,结合自己的发现,于1900年10月19日在德国物理学会会议上宣布了自己的辐射公式,即

"普朗克辐射公式",把辐射能量与辐射光谱统一起来,解决了黑体辐射问题。

普朗克的量子假说认为,辐射是由一份份的能量组成的,就像物质是由一个个原子组成的一样。辐射中的一份能量即是一个量子。量子的能量大小取决于辐射的波长,波长越短,能量越大;波长越长,能量越小。换句话说,就是量子的能量与波长成反比,与频率成正比。

1900年12月14日,普朗克在德国物理学会上宣读了论文《关于正常光谱的能量分布定律的理论》,他提出令人感到惊讶的能量子假定,从而得到一个被赋予具体物理意义的辐射公式。他假设,物体在发射辐射和吸收辐射时,能量是不连续的,以一个最小单位的整数倍跳跃式变化,这个能量的基本单位称作能量子。这一天被看做是量子论的诞生日,作用量子则被认为是最基本的自然常数之一。1918年,普朗克作为量子理论的开拓者获得了诺贝尔物理学奖。1947年,普朗克在哥廷根逝世。在追悼会上,爱因斯坦做了如是评价:"作用量子这一发现成为20世纪物理学研究的基础,从那时起几乎完全决定了物理学的发现。"

博厄斯

1858年7月9日,弗朗茨·博厄斯出生在德国威斯特伐利亚州明登市一个富有的犹太商人家庭。自1877年起,他先后就读于海德堡大学、波恩大学和基尔大学,1881年获物理学博士学位。1883年,在服完兵役之后,博厄斯去了加拿大北极圈内的巴芬岛,与那里的因纽特人相接触,使得他探险的目的从研究区域地图扩展到人类文化学方面。

1888~1892年,博厄斯在美国克拉克大学任教。1892年加入美国国籍,1894年,任芝加哥费尔德博物馆馆长。1896年担任美国自然博物馆馆长助理,1901年升任馆长。1899年,博厄斯担任哥伦比亚大学人类学教授,并在那里度过了余生。

1942年12月21日,在哥伦比亚大学教授俱乐部的午宴上,博厄斯突然倒在了桌子下,从此再也没有起来。同时出席宴会的结构人类学家克劳德·列维·斯特劳斯后来回忆说，在宴会上他戴了一顶"很旧的皮帽，这顶帽子，可以确定的说，是六十多年前博厄斯在爱斯基摩探险时戴的"。

博厄斯是第二次世界大战之前最伟大的人类学家之一。起初，他坚持环境决定论，后来通过对巴芬岛的因纽特人的考察，转而强调文化和环境相互作用的观点。在博厄斯看来，人的本质应当被定义为可变的，是传统习得的产物，而且文化学习基本上是无意识的、非理性的。

博厄斯提出的历时特殊论的观点认为，只有具体的文化现象的脉络才是历史的，只有具体的历史才是可靠的。强调对文化现象作琐细描述并解释文化现象以及相关文化现象的整合过程，这才是文化研究的"历史的方法"。

博厄斯最早提出"文化区"这一概念，文化的最小单位即"文化特质"，若干文化特质结合在一起，便构成一个功能相系的"文化丛"。每个文化丛都有与之相适应的地域，即"文化区"。博厄斯还是最早提出文化相对主义的人，他主张抛弃欧美中心主义，尊重各民族的文化，反对强制性地干涉他民族的文化，这是有积极意义的。

艾 克 曼

克里斯蒂安·艾克曼,1858年8月11日出生于荷兰的内伊克尔克。1883年于阿姆斯特丹大学毕业后在爪哇、苏门答腊任军医,两年后因患疟疾被迫返荷,康复后决心研究当时新兴的细菌学。起初随弗尔斯特学习,后来到柏林在著名细菌学家科赫指导下一边学习一边工作。

1886年,艾克曼参加荷兰政府组织的专门委员会,赴东印度群岛研究当地流行的脚气病,并领导脚气病研究室工作。1890年,艾克曼偶然发现脚气病是因缺乏某种微量物质所引起的,从此开始了深入研究。1898年,任乌得勒支大学公共卫生和法医学教授。1930年11月5日,艾克曼在乌得勒支去世。

艾克曼起初曾对生理学产生兴趣,饱受疟疾之苦后,便对细菌学产生了兴趣。1890年，他偶然发现供实验用的鸡群患了多发性神经炎，症状与人类的脚气病类似。当所用的鸡饲料改变，即由带壳的糙米代替精白米后，结果鸡群的多发性神经炎痊愈。由此他得到启发，如果只用精白米喂养实验用的母鸡，那它们将会患脚气病，这是一种神经性的变性疾病。天然谷粒中所缺少的一种重要物质便是硫胺，又称为"维生素B_1"。

艾克曼首先发现食物中含有生命所必需的微量物质，发现脚气病是由缺乏某种微量物质所引起的。1911年与其同事自米糠中获得抗脚气病的浓缩液体，从而导致维生素B_1的发现。为此，他与弗雷德里克·霍普金斯共同获得1929年诺贝尔奖。

摩 尔 根

1866年9月25日,托马斯·摩尔根出生在美国肯塔基州来克星顿市一个上流社会家庭,父亲是美国驻西西里岛的领事。童年时期,他就对大自然中形形色色的动植物特别感兴趣,并由此确定了一生的志向。1880年被录取为肯塔基州州立学院预科班学生,两年后升入大学本科一年级。1886年,摩尔根成为约翰·霍普金斯大学的学生。

1891年,博士毕业后,摩尔根应聘到布林莫尔女子学院任教。1904年,被聘为哥伦比亚大学的教授。摩尔根在哥伦比亚大学担任实验动物学教授时,开始以黑腹果蝇为材料,进行遗传学研究,并取得了一系列重大发现。通过一系列杂交实验,他将决定眼睛颜色的基因定位于X染色体上,并进一步确认染色体是基因的载体,确立了基因的染色体学说。此后,又发现了位于同一染色体上的基因之间的连锁遗传特性，建立了遗传学的第三定律——连锁交换定律。

以摩尔根为首的科研人员把四百多种突变基因定位在染色体上，制成染色体图谱，即基因的连锁图。这在遗传学上无疑是重大发现。摩尔根于1928年出版了《基因论》专著，对基因这一遗传学基本概念进行了具体而明确的描述。他创立的基因学说实现了遗传学领域的第一次理论综合。

1928年，摩尔根应聘到加州理工学院筹建新的生物学部，他的生物学部主任职务一直担任到76岁高龄。他获得了1933年诺贝尔奖，这是遗传学领域的第一个诺贝尔奖。1945年12月4日，摩尔根因动脉血管破裂与世长辞。

兰德斯坦纳

卡尔·兰德斯坦纳从小就酷爱医学，17岁时终于实现自己的愿望进入维也纳大学学习医学，并在1891年获得医学博士学位。1892~1894年间，他先后在德国化学家埃米尔·费雪和阿瑟·汉茨指导下学习化学，学成后回到维也纳从事临床医学工作。

1896年，兰德斯坦纳开始对血清学和免疫学产生兴趣，并将化学方法引入血清学研究。1897年，他成为维也纳大学病理解剖研究院主任的助手。1902年，兰德斯坦纳宣布了20世纪医学的重要发现之一，即ABO血型系统，后来他的学生又发现了AB血型。1911~1917年任病理学教授期间，他曾进行过三千多次尸检，对疾病、死亡和人体解剖有了深入广泛的了解。

从 1908 年到一战结束期间，兰德斯坦纳对脊髓灰质炎进行了深入研究，通过把患者的脊髓切片浸泡在液体中，制造出一种能传染猴子的混合液，进一步断定病因是一种病毒。然而，直到四十多年后人类才研制出一种有效的疫苗。

20 世纪 20 年代以后，兰德斯坦纳转向免疫学研究。1921 年，他与同事们论证了一种被命名为"半抗原"的小分子的存在，这是体内抗体合成的重要成分，从而踏出了人类免疫学研究的关键一步。1922 年，在洛克菲勒医学研究院的邀请下，兰德斯坦纳前往美国，并一直留在那，后来加入美国籍。

1927 年经国际社会公认，采用兰德斯坦纳原定的字母命名，现代血型系统正式确立。他的这一研究成果找到了以往输血失败的主要原因，为安全输血提供了理论指导。1930 年，兰德斯坦纳获得诺贝尔奖。

退休后，兰德斯坦纳仍在进行科学研究，1940 年证实了血液中 Rh 因子的存在，并认为大脑坏死和新生儿的死亡都与这种因子有关。1943 年 6 月 14 日，他与妻子和已成为外科医生的儿子一起庆祝了 75 岁生日，6 月 26 日因心脏病突发而辞别人世。

缪　　勒

缪勒祖籍德国，1890年12月21日出生在美国纽约，1907年考入哥伦比亚大学，1910年获学士学位。大学毕业后在康奈尔医学院和哥伦比亚大学生理学系深造，1912年获硕士学位。同年，被摩尔根招为研究生，于1916年获得博士学位。

1916~1918年，缪勒在生物学家赫胥黎的邀请下，到休斯敦水稻研究所讲学。1918~1920年，回哥伦比亚大学继续从事遗传突变研究。1921~1932年，在得克萨斯大学任教并成为教授。1933~1937年，在列宁格勒（圣彼得堡）和莫斯科科学院工作。1938年，缪勒在爱丁堡大学任教。1940年回到美国后，继续执教。

1927年，缪勒在《科学》杂志上发表了题为"基因的人工蜕变"的论文，首次证实X射线在诱发突变中的作用，搞清了诱变剂剂量与突变率的关系，为诱变育种奠定了理论基础。缪勒经过研究攻克了以下难题：1.用X射线处理精子，能诱发生殖细胞发生真正的基因突变。2.在同样的培养条件下，受高剂量X射线处理的果蝇之突变率比未受处理的果蝇之突变率高出约150倍。3.除基因突变外，X射线也能造成基因在染色体上的次序重新排列，且这种情况占有很高的比例；还能造成较大片段的染色体畸变，如缺失、断裂、易位、倒位等。4.用不同剂量的X射线，在生命周期的不同时刻和不同条件下处理果蝇，将得到不同的结果。

缪勒在辐射遗传学方面也作出了开创性贡献，指出长时间经受辐射的人必然会对遗传造成影响，一些妇女的永久性不孕就是这个缘故。后来，"辐射遗传学"成为科学的热点，缪勒也被视为辐射遗传学的创始人。

弗 莱 明

亚历山大·弗莱明于伦敦圣玛利亚医院医科学校毕业后,从事免疫学研究。他在第一次世界大战中曾任军医,着手研究如何避免伤口感染问题,战后返回圣玛利亚医院。1922年,弗莱明在做实验时发现了一种后来被他称为"溶菌酶"的物质。

1928年,弗莱明在实验中发现,当培养基暴露在空气中受到一种霉的污染时,恰好在霉周围区域中的细菌消失了。于是,他断定这种霉在生产某种对葡萄球菌有害的物质,不久他就证明了这种物质能抑制许多其他有害细菌的生长,并将其命名为"青霉素"(又译为盘尼西林)。

弗莱明的结果发表于1929年,起初并未引起足够的重视。他指出青霉素将会有重要用途,却无法发明一种提纯青霉素的技术,致使这种灵丹妙药十几年因一直未得到使用。终于在

20世纪30年代末期,澳大利亚医学研究人员霍德华·弗洛里和英国的医学研究人员厄恩斯特·鲍里斯·钱恩接替了他的工作,证实了他的结果。随后,二人提取纯青霉素,给实验室动物试用;1941年给病人试用。他们的实验清楚地表明了这种新药具有惊人的效力。二战结束时,青霉素的使用已遍及全世界。

成名之后,在弗莱明本人的演讲中,他总是把青霉素的诞生归功于弗洛里、钱恩和他的同事所作的研究。1944年,他获得贵族称号。1945年,弗莱明与钱恩、弗洛里共同获得诺贝尔奖。在生命的最后十年里,这位伟大的细菌学家获得了许多奖励及荣誉称号。1955年3月11日,弗莱明因心肌梗塞去世。他的遗体被安葬在伦敦圣保罗大教堂墓地。

班　廷

班廷1891年11月14日出生在安大略省阿利森。他先是在多伦多大学学习牧师课程，后转入医学院学习。1916年获得医学学位后，正是第一次世界大战期间，前线医务人员紧缺，同年12月，班廷应征入伍。1918年9月由于在炮火中抢救垂危的伤员而荣获陆军十字勋章。

1921年，班廷回到多伦多大学，开始研究糖尿病病因。在那个年代，糖尿病意味着慢性死亡。班廷在经过一段时期的观察和研究后发现：若结扎动物胰管使产生胰蛋白的细胞萎缩而产生胰岛素的细胞不受影响，将胰腺提取物注射应用，对治疗糖尿病一定会有疗效。

多伦多大学研究糖代谢的专家麦克劳德教授给班廷提供实验室，并派助手帮助他。班廷和贝斯特结扎狗的胰导管6~8周后，摘出胰腺进行提取，将提取物给用来做实验的狗注射，证明其有降低血糖、治疗糖尿病的作用，他们称此物为岛素。继之，擅长生物化学的科利普也参加改进提取、纯化岛素的工作，他们终于提得较纯的岛素，并将其命名为"胰岛素"。

1922年，班廷利用胰岛素进行第一例临床实验，获得成功。医学史上一致认为他"开创了人类治疗糖尿病的新纪元"。麦克劳德又改进提取方法，使胰岛素能批量生产，挽救了更多糖尿病人的生命。因为成功提取了胰岛素，1923年班廷和麦克劳德共同荣获诺贝尔奖。

1923年，加拿大议会授予班廷年金，并建立班廷研究基金，还在多伦多大学建立班廷—贝斯特医学研究所，任命他为所长。为了使更多的糖尿病患者受益，班廷以极其低廉的价格将专利权转让给一家制药公司，使广大糖尿病患者得到了实惠。第二次世界大战爆发后，他又参加了战地医疗工作。1941年，在纽芬兰上空因飞机失事，班廷不幸牺牲，年仅50岁。

居里夫人

玛丽·居里 1867 年出生在波兰华沙一个教师家庭。10 岁丧母，贫困的家境造就她吃苦耐劳的品质。1891 年，她前往法国巴黎大学求学深造。1893 年获得物理学硕士学位，1894 年获得数学硕士学位。1895 年，她和彼埃尔·居里结婚。

1897 年，居里夫人看到法国物理学家贝可勒尔发现铀具有放射性的报告，引起她极大兴趣。她着手测试各种元素，企图找出与铀一样具有辐射效应的元素，终于在 1898 年发现并确认了这种新元素的存在。此时，传来了居里夫人的祖国波兰被敌国占领而灭亡的消息，她为了纪念祖国而将这一元素命名为"钋"。

居里夫妇坚持不懈，继续努力工作，终于从几十吨铀沥青矿废渣中提炼出十分之一克纯氯化镭，后来还获得了金属镭，并测定出镭的原子量为225。所以,她素有"镭的母亲"之称。居里夫人并没有申请专利,而是将镭的提取方法公布于众。对此,许多人感到不解,她却说:"没有人应该因镭致富,镭是一种元素,它是属于全世界的。"1903年,因为在天然放射性研究领域的巨大贡献,居里夫妇和贝可勒尔同时获得了诺贝尔物理学奖。

1906年,居里先生因马车车祸去世,年仅47岁。在突如其来的巨大打击面前,居里夫人强抑悲痛,勇敢地承担起生活和工作的重任,并从钋中分离出镭,而获得1911年诺贝尔化学奖。1914年,镭学研究所在巴黎落成,她在此主持居里实验室工作。

居里夫人是诺贝尔奖第一位女性得主,也是极少数两度获得该奖的科学家之一。由于长期在较为艰苦的环境中从事放射性元素研究,致使身患多种疾病,1934年7月4日,居里夫人因患白血病在法国去世。

贝可勒尔

贝可勒尔，1852 年 12 月 15 日出生在法国一个高级知识分子家庭，他的父亲是位很有名气的物理学教授。1872 年，他进入巴黎综合技术学校学习。1877 年成为工程师，1888 年获得法国科学院博士学位，1889 年被选为科学院院士，1894 年晋升为总工程师，1895 年被选为巴黎国立工艺学院教授。

贝可勒尔从 1886 年转向晶体对光吸收的研究。在对 X 射线本质进行探索时，他推测荧光和 X 射线可能是由于同一机理产生的，因而一切荧光现象都可能伴随有 X 射线。经过大量的实验，贝可勒尔的推测被证实了，并于 1896 年 2 月 24 日将此实验报告送交法国科学院。

贝可勒尔用纯铀继续进行实验，发现其穿透性辐射强度比钾铀酰硫酸盐要高三四倍。这就证实，发出射线是铀元素的一种特性。他又用实验证明，这种射线像 X 射线一样能使周围的气体电离，但又和 X 射线不同，它可被电场或磁场偏转。当时称这种射线为"贝可勒尔射线"，后来把这种现象定名为"放射性"。

　　1901 年，贝可勒尔发表了关于一种元素通过放射性变为另一种元素的第一个证据。1903 年，他和居里夫妇共同获得诺贝尔物理学奖。由于长期生活在射线中，贝可勒尔 50 岁刚过便渐渐感到浑身瘫软，头发脱落，手上的皮肤常像烫伤一样疼痛。1908 年 8 月 25 日，贝可勒尔去世，年仅 56 岁。他是第一位被放射性物质夺去生命的科学家。

卢 瑟 福

1871年8月30日,卢瑟福出生在一个贫穷的手工业者家庭。他从小就喜欢思考问题,5岁时开始读书,10岁时阅读《物理学入门》。由于家境贫寒,他更是刻苦学习并取得优异成绩,靠奖学金和半工半读供自己完成了学校教育。

1892年,卢瑟福在坎特伯雷学院以数学和物理第一的成绩拿到了学士学位,以后又获得了硕士、博士学位。1895年在新西兰大学毕业后,获得英国剑桥大学的奖学金,进入卡文迪许实验室成为著名科学家汤姆生的研究生,与他一起研究射线,并取得了显著的成绩。

卢瑟福在放射性和原子结构等方面都作出了重大贡献,他发现放射线可以分为3个部分,他把偏转幅度小的带正电的部分叫"α射线",把偏转幅度大的带负电的部分叫"β射线",

还有一部分在磁场中不偏转且穿透力很强，被他称为"γ射线"。这一发现打破了元素不会变化的传统观念，使人们对物质结构的研究进入到原子内部这一新的层次，促进了一个新的科学领域——原子物理学的开拓。

卢瑟福和青年化学家索迪合作，完成了整整一个系列的由铀嬗变到铅的放射性元素衰变实验，于1902年首先提出"半衰期"的概念。他用小粒子轰击氮原子，成功地将氮原子核转变成氧原子核，从而开辟了核物理的广阔天地。卢瑟福是20世纪初最伟大的实验物理学家之一，于1908年获得诺贝尔化学奖。

1911年，卢瑟福提出"行星式原子结构模型"，即带正电的原子核居于原子的中心位置，其质量占总质量的绝大部分，而电子则像行星围绕恒星转动一样绕原子核运转。

1907年，卢瑟福返回英国担任曼彻斯特大学的物理系主任。1919年接替退休的汤姆生，担任卡文迪许实验室主任。1925年当选为英国皇家学会主席。1937年10月19日，卢瑟福因病在剑桥逝世，与牛顿、法拉第并排安葬在威斯敏斯特教堂，享年66岁。

高　　斯

　　高斯从小就表现出过人的数学天赋，3 岁时竟指出父亲算账时的错误，使得父亲又惊又喜，下定决心再穷也要培养这个聪明的孩子。1792 年，高斯进入了布伦瑞克的凯洛林学院，开始研究高等数学。1795 年，他进入哥廷根大学学习。1796 年，高斯发现了正十七边形尺规作图的理论与方法，解决了欧几里德以来悬而未决的问题。

　　高斯在数学领域取得了卓越贡献，1801 年他出版了数学史上的经典性著作《算术研究》，奠定了近代数论的基础。1811 年，他把微积分推广开来，发现了复变函数论的基本定理，1812 年发表关于"超几何级数"的研究。1827 年，高斯在《关于曲面的一般研究》中，建立了微积分几何中关于曲面的系统理论，被认为是近代微分几何的开端。高斯是非欧几何学的创立者,他打破了两千多年来几何学领域欧几里德一统天下的局面。

19世纪初,高斯开始研究天文学。1801年,他提出一种计算轨道参数的方法,使得天文学家在1801年末和1802年初能够毫无困难地确定新发现的小行星——谷神星的位置。1809年,高斯出版了《天体沿圆锥曲线绕日运动的理论》一书。

1832年,高斯发表了地磁理论的经典论文,提出测定地磁强度的标准,并和韦伯一起发明了磁强针。1833年建立的地磁观测站,成为当时研究地磁倾角变化的中心。后来又和韦伯共同绘制出世界上第一张地球磁场图,确定了地球磁南极和磁北极的位置。

1855年2月23日清晨,高斯在睡梦中平静地与世长辞,享年78岁。他被安葬在哥廷根附近艾尔伯尼托的墓地中,墓碑上镌刻着正十七边形,碑文只有两个字——高斯。

高斯希望在自己身后能留下完美的研究成果,他的著名警句是:宁可少些,但要成熟。他生前发表的论文仅155篇,大量的研究成果都秘而不宣。高斯获得了"数学王子"、"数学家之王"的美称,和阿基米德、牛顿、欧拉并称为世界上最伟大的数学家,人们还称赞他是"人类的骄傲"。

莱 特 兄 弟

莱特兄弟是飞机的发明人,因为他们在公众面前的形象总是一体的,本文也就把他们并提。兄弟俩从小就喜欢摆弄旧器械,制作一些小玩意儿。1871年圣诞节,父亲送给他们一个飞螺旋玩具,这个上紧橡皮筋后可以飞上天空的玩具引起了莱特兄弟极大兴趣,他们把这个玩具玩了拆,拆了装,渴望制造出一种能飞上天空的机器。这个愿望影响了他们一生。

莱特兄弟只受过几年的学校教育,并没有得过正规文凭。他们对功课也不重视,飞上蓝天的梦想倒是一直在激励着他们。1899年,兄弟俩开始研究飞行问题,经过不断努力,1903年12月17日,莱特兄弟制造的人类历史上第一架飞机成功地在北卡罗来纳州试飞成功。威尔伯最后一次试飞,滞空时间59秒,飞行距离为260米。时间虽短,距离也不远,但它标志着一个崭新时代的到来。这架飞机被他们命名为"飞行者Ⅰ号"（现在通常称为"基蒂霍克号"），至今仍陈列在华盛顿的国家航空博物馆内。

1904年，莱特兄弟制出了改进的"飞行者Ⅱ号"，它的滞空时间延长到5分钟，飞行5千米。1905年，他们又推出了"飞行者Ⅲ号"，它可以在空中连续飞行半小时，飞行距离为40千米。

1906年，莱特飞机的专利在美国得到承认。1908~1909年，莱特兄弟正式接受美国陆军部的订货并组建了莱特飞机公司，还签订了在法国建立飞机公司的合同。他们曾获得多种荣誉和奖励。1924年，奥维尔·莱特被授予卓越飞行十字章。人们在基蒂霍克莱特飞机试飞成功的地方为两兄弟竖立起纪念碑。莱特兄弟一生致力于飞行事业，终身未娶，为人类交通工具的发展作出了巨大贡献。

哈　　恩

大多数人知道原子弹制成是基于原子核裂变原理，却很少有人知道甚至了解这一原理的发现者奥托·哈恩。哈恩1879年3月8日生于法兰克福。1897年入马尔堡大学，1901年获得马尔堡大学化学博士学位。他的成功既源于自身的努力，也有外在机遇的眷顾，1904~1905年间，哈恩先后得到英国著名化学家拉姆塞和物理学家卢瑟福等名家的悉心指导，他虚心求教，为今后在放射化学这一新的领域作深入探索奠定了深厚基础。

哈恩于1910年任柏林大学教授，1912年任威廉皇家化学研究所放射性研究室主任，1928年起任所长直至1945年。他一生从事放射性、核化学和核物理方面的研究，发现了一系列放射性元素和核裂变现象。他早期的贡献主要在发现天然放射性同位素，为阐明天然放射系各核素间的关系起了重要作用。

20世纪20~30年代,他把研究重点转向到放射化学的实际应用问题上。

哈恩最大的贡献是1938年和斯特拉斯曼一起发现核裂变现象。他们用慢中子轰击铀核,发现一种放射性物质,其性质与钡类似,后又经过多次实验和化学分析确认有镧和钡同时生成。这种反应就是铀235的裂变。铀核裂变的发现,当时就被认为"以这项发现为基础的科学成就是十分惊人的,那是因为它是在没有任何理论指导的情况下用纯化学的方法取得的"。奥托·哈恩因发现核裂变而荣获1944年诺贝尔化学奖。

1945年,哈恩因不愿让纳粹政权掌握原子能技术而拒绝参与任何研究,被送往英国拘禁。1946年初获释回国后,担任威廉皇家协会(1948年改名为马克斯·普朗克协会)会长。1960年后任荣誉会长。1968年,奥托·哈恩病逝于哥廷根。

爱因斯坦

阿尔伯特·爱因斯坦出生于德国南部乌尔姆城一个犹太家庭。小时候他给人的印象并不聪明，甚至有些愚笨迟钝。然而，父母从来没有放弃对他的培养，他们发现儿子虽然反应有些迟缓，却喜欢观察外界事物，于是买回各种新奇的玩具让他玩，但小爱因斯坦更多的是"研究"玩具。

爱因斯坦小学和中学成绩均属平常，为了上大学，补习一年才进入苏黎世工业大学师范系，攻读数学和物理，最终选择物理作为自己终生研究的领域。1900年大学毕业，却陷入失业的困境，只能依靠做家教甚至拉小提琴卖艺为生。1901年取得瑞士国籍。1902年被苏黎士专利局任命为技术员。

1905年可谓是爱因斯坦的"奇迹年"，他在狭义相对论、光电效应和布朗运动三个不同领域里都取得了重大成就。同年

9月，爱因斯坦发表《论动体的电动力学》一文，提出狭义相对论，解释了牛顿经典力学所不能解释的现象，这是近代物理学史上最伟大的革命。狭义相对论的两条基本原理是相对性原理和光速不变原理。他还得出了质能关系式 $E=mc^2$（m 为物体质量，c 为光速，E 为能量），这一方程式揭示了原子核内部蕴含着巨大能量，成为核物理和高能物理的基础。

爱因斯坦 1909 年开始在大学任教，1914 年任威廉皇家物理研究所所长兼柏林大学教授。1916 年，爱因斯坦发表《广义相对论的基础》一文，这一旷世之作标志着 20 世纪理论物理学达到了顶峰，他曾解释说："狭义相对论适用于引力之外的物理现象，广义相对论则提供了引力定律以及它与自然界其他力之间的关系。"

1921 年，爱因斯坦因在光电效应方面的研究成果而荣获诺贝尔物理学奖。1940 年取得美国国籍。1955 年 4 月 18 日，一代科学巨人在美国普林斯顿悄然而逝，并留下一份颇为特殊的遗嘱：不发讣告，不举行葬礼，不建坟墓，不立纪念碑。一位法国物理学家这样评价他："在我们这一时代的物理学家中，爱因斯坦将位于最前列。他现在是、将来也还是人类宇宙中最光辉的巨星之一。"1999 年，《时代》周刊将其评选为世纪风云人物。

魏 格 纳

1880年11月1日,阿尔弗雷德·魏格纳出生在柏林一个牧师家庭。他从小就善于观察,喜欢幻想。少年时开始对自己进行严格的体能训练,盛夏时温度再高也要背着沙袋步行十几千米,隆冬天气再冷也要坚持冷水浴。1905年,他以优异成绩获得气象学博士学位。1906年,他和弟弟两人驾驶高空气球在空中连续飞行52小时,打破了当时的世界纪录。同年,他对格陵兰岛进行了一生4次探险中的第一次探险。

1912年1月6日,魏格纳在法兰克福地质学会上做了题为"大陆与海洋的起源"的演讲,提出大陆漂移的假说,在学术界引起轩然大波。1915年,魏格纳《海陆的起源》一书出版,标志着大陆漂移说正式诞生。

魏格纳认为,大约几亿年前地球由一个完整的大陆构成,他称之为泛大陆，周围是广阔的海洋——泛大洋。后来，这块大陆裂开了，它像浮在水面的冰块一样不断漂移。终于，美洲从亚欧大陆和非洲大陆脱离出来，在它们之间形成了大西洋。还有两块比较小的陆地一直向南漂去，形成了澳大利亚和南极洲。随着大西洋和印度洋的诞生，原来的泛大洋缩小了，变成了今天的太平洋。

　　魏格纳并没能提出充分的理论证实这一假说，他自己也充满遗憾地说："漂移说中的牛顿还没有出现。"不过他一直在寻找证据，直到生命的最后一刻。20世纪60年代板块构造学说席卷全球，人们才承认大陆漂移说的正确性，而此时魏格纳已经去世三十多年。

　　1930年5月，魏格纳率领一支探险队第四次登上格陵兰岛进行考察，在零下65度的酷寒下，只有他和另外两个追随者坚持到达了爱斯密特基地。11月2日，正是他50岁生日的第二天，魏格纳驾着狗拉雪橇返程，在冰天雪地中失去了踪迹。直到第二年4月，他的遗体才被发现，已经冻得硬如石头，与冰河结成一体了。

戈 达 德

罗伯特·戈达德小时身体非常不好，时常因为生病而不能上学，还留过级。科幻小说陪伴戈达德度过了童年时光，用他自己的话说，正是这些小说激发了他的科学热情和想象，促使他努力学习数学和其他学科。

1911年，戈达德在克拉克大学获得博士学位后留校任教，一年后，去新泽西州普林斯顿学院对火箭作进一步研究。1913年，他患上了在当时被认为是无法治愈的肺结核，却依然忘我地工作，为此常受到医生的忠告和斥责。"医生说我只能再活两周，让我休息。但我很想活下去，我不能死，我要工作。"两周后，戈达德并没有死，他又开始工作了，并在火箭研究方面取得了非凡的成就。

在克拉克大学任教期间，戈达德就已经认识到液氢和液氧是理想的火箭推进剂,他在实验室里第一次证明了在真空中可存在推力,并首先从数学上探讨包括液氧和液氢在内的各种燃料的能量和推力与其重量的比值。

1926年3月16日,戈达德成功发射了第一枚液体燃料火箭,标志着人类在通往宇宙空间的道路上迈出了坚实的一步!戈达德于1929年发射了世界上第一枚载有仪器的火箭,1935年发射了第一枚超过声速的液体火箭。此外,还获得火箭飞行器变轨装置和用多级火箭增大发射高度的专利,并研制了性能较完善的发动机、涡轮式燃料泵等。他设计的小推力火箭发动机是现代登月小火箭的原型。

戈达德在火箭研制方面作出了不可磨灭的贡献,无愧为"火箭之父"的美称。他死后被追授了第一枚刘易斯·希尔航天勋章,美国宇航局的一座空间飞行中心被命名为"戈达德宇航中心"。

玻　尔

尼尔斯·玻尔从小在慈爱、充满学术氛围的环境中长大。1903年，他考入哥本哈根大学，1912年开始在哥本哈根大学任教。1913年初，玻尔提出非常具有影响力的原子模型，为量子论在20世纪20年代末的最终创立奠定了基础。

1913年7月起，玻尔以《论原子构造和分子构造》为题，连续三次在《哲学杂志》上发表论文，创造性地将卢瑟福、普朗克和爱因斯坦的思想加以分析综合，把光谱学和量子论结合在一起，提出量子不连续性，成功地解释了氢原子和类氢原子的结构和性质。这篇论文被称为"伟大的三部曲"。

1921年，玻尔发表"各元素的原子结构及其物理性质和化学性质"的长篇演讲，阐述了光谱和原子结构理论的新发展，说明了元素周期表中从氢开始的各种元素的原子结构。同年，玻尔创建了哥本哈根大学理论物理学研究所，引领形成了著名的"哥本哈根精神"，即"自由思考和讨论、高度的智力活动、快乐而大胆的科学涉险精神"。

1922 年，玻尔获得诺贝尔物理学奖。20 世纪 30 年代中期，他提出原子核构成的"液滴模型"，这个模型被证实对理解核裂变非常重要。后来又提出复核概念，指出原子核中的中子和质子在"强作用力"下紧紧交织在一起，促进了原子核能的研究。

二战结束后，玻尔致力于核能的和平利用，帮助欧洲核研究中心在日内瓦成立。1950 年，他发表了《致联合国的公开信》反对制造原子武器，1957 年获得"原子和平奖"。

1962 年 11 月 18 日，玻尔因心脏病突发去世，被安葬在哥本哈根的家庭墓地里。玻尔的婚姻非常幸福，共有 6 个孩子，其中一个儿子玻尔也成为理论物理学家，并摘取了诺贝尔奖桂冠。

哈　勃

埃德温·哈勃出生在密苏里州的马什费尔德，父亲是律师兼保险代理人。他从小就是一名成绩优秀的好学生，1906年荣获就读芝加哥大学的奖学金，尽管在父亲的要求下他选择攻读法律预科，但还是对天文学感兴趣，并经常去听著名物理学家罗伯特·密立根的课。1910年，哈勃获得牛津大学的奖学金，3年后拿到法学学位。

1913年，哈勃回到美国，在肯塔基州路易斯维尔城开办了一家法律事务所。但是，没多久他便放弃了律师职业，回到芝加哥大学攻读天文学，于1917年获得博士学位。一战结束后，哈勃开始在威尔逊山天文台工作，在研究河外星系方面取得了显著成就。

哈勃是银河外天文学的奠基人和提供宇宙膨胀实例证据的

第一人。1922~1924年间,哈勃发现星云并非都在银河系内,而是自成星系,这项发现结束了天文界一场旷日持久的论战。1925年,哈勃证明宇宙是由很多不同形状和不同大小的星系组成的,并拟出一个至今仍在使用的星系形状系统。他说:"所有的星系相互关联,就像家庭成员相互关联一样。"

1929年,哈勃正式提出:星系红移的快慢不是杂乱无章的,而是与星系离开地球的距离成正比。这就是著名的哈勃定律,又称为"红移定律"。哈勃的发现意味着宇宙中的星系一直在运动,宇宙处于不断膨胀状态。宇宙膨胀观念最初也遭到反对,爱因斯坦就曾一度认为宇宙是静止的——后来他称这是自己在科学上所犯的最严重的一个错误。1931年,爱因斯坦拜访过哈勃后便改变了看法。哈勃的传记作者写道:"爱因斯坦改变看法的消息一公布,就立刻产生了'使哈勃从此步入享有国际盛誉者的行列'的效应。"

二战期间,哈勃在美国战争部做研究工作,战后又回到威尔逊山继续研究神秘的宇宙空间。1953年9月28日,哈勃正准备用几个夜晚来观察太空时却猝然去世。由于在天文学领域的杰出成就,他将永远受到后人缅怀和尊敬。

海 森 堡

沃纳·海森堡出生在德国的维尔兹堡,在慕尼黑长大。父亲是一所大学的语言学教授。他上小学时就喜欢做实验,为了观察实验结果甚至常常忘记按时吃饭。父亲见他太喜欢实验了,就支持他学理科,并为他购买了物理实验器材和相关教学辅导材料。

1924年9月,海森堡来到了自己向往已久的理论物理学圣地——哥本哈根大学玻尔研究所,担任尼尔斯·玻尔的助手。1927~1941年,海森堡一直担任莱比锡大学物理学教授,在那儿他和沃尔夫冈·鲍利等人一起研究发展了量子电动力学和量子场论,为核物理和高能物理的研究奠定了基础。

1925年,海森堡创立了矩阵力学,坚持认定量子跃迁的存在和原子内部是不连续的,反对用确定的量来测量电子。

1927年，海森堡提出了"测不准原理"，即亚原子粒子的位置和动量不可能同时准确测量。"测不准原理"，被认为是所有科学原理中最深刻和最广泛的原理之一。

1928年，海森堡利用量子力学的交换现象，解释了物质的铁磁性问题。1929年，他与鲍利提出相对论性量子力学。1932年，海森堡提出质子和中子实际上是同一种粒子的两种量子状态。此外，他还创立了粒子相互作用的散射矩阵理论。海森堡因创立量子力学而荣获1932年诺贝尔物理学奖。

1942年，海森堡被指定为柏林威廉皇家物理学会的会长。1946年，他到哥本哈根担任普朗克物理学会的会长。1976年2月1日，海森堡因癌症在慕尼黑去世。

费 米

恩里科·费米出生在意大利罗马一个铁路工人家庭。他从小就喜欢读书，对物理学和数学尤其感兴趣，表现出卓越的机械制造才能和非凡的记忆力。父亲的一位同事发现他好学上进，就把自己的书循序渐进地借给他读，使他奠定了牢固的理论基础。

1922年，费米获得比萨大学博士学位，每当他走过比萨斜塔时，都会肃然起敬。这个伽利略当年生活过的地方处处给他以科学的召唤，费米相信，意大利在物理学研究方面绝不会落后于其他国家的。

费米于1926年成为罗马大学理论物理学教授，1929年任意大利皇家科学院院士。1938年，意大利法西斯政府颁布反犹太人法律，由于妻子是犹太人，费米被迫携带全家移居美国。他先后在哥伦比亚大学和芝加哥大学工作，于1944年加入美国籍。

1926年，费米根据鲍利不相容原理，与狄拉克各自导出量子统计中的"费米—狄拉克统计"方法最终成为量子统计学的主要手段。这是他对物理学的最初贡献。

1933年，费米提出了β衰变理论，成功解释了β衰变现象的许多特点，这使他成为世界上第一流的物理学家。1934年，居里夫妇的实验显示放射性元素能够通过轰击已知元素的原子核而创造出来。费米受到启发，开始用中子轰击许多已知的化学元素，发现了许多放射性同位素的性质。1938年，费米被授予诺贝尔物理学奖。

1942年12月2日，费米指导设计和制造的第一座核反应堆在芝加哥大学成功运行。这是人类第一次成功地实现链式核反应，是原子能时代的重要里程碑！随着这项实验的成功，美国决定全力开展曼哈顿计划。费米作为这项工程的主要科学顾问，继续发挥着重要作用。

费米在原子理论物理学和实验物理学方面作出了巨大贡献。物理学以各种方式来纪念费米，第100个化学元素镄和原子核物理学使用的"费米单位"就是以他的名字命名的；美国原子能委员会建立了"费米奖"，以表彰为和平利用核能作出贡献的各国科学家。

鲍　　林

鲍林出生在一个普通药剂师家庭。幼年时父亲去世,他和母亲过着贫困的生活。鲍林从小就立志当一名化学家,1917年,以优异成绩考入俄勒冈州农业院化学工程系。1922年考取加州理工学院的研究生,1925年又获得博士学位。1931年,鲍林成为加州理工大学的教授并在那里一直工作到1963年,1933年入选美国科学院。

20世纪30年代起,鲍林开始致力于化学键的研究。1939年出版的《化学键的本质》一书,是20世纪化学史上最有意义的著作之一。因在化学键的本质和分子结构基本原理方面的杰出贡献,鲍林于1954年荣获诺贝尔化学奖。

鲍林关于镰状细胞贫血症的发现是生物遗传学史上的一个里程碑,他证实这种血液病有一个分子基础,是第一个提出

"分子病"概念的人。鲍林在生物化学领域最具影响力的成就是对蛋白质与氨基酸的研究。他提出了α螺旋和β折叠是蛋白质二级结构基本构建单元的理论，还提出了酶催化反应的机理、抗原与抗体结构互补性原理以及DNA复制过程中的互补性原理，这些理论在20世纪的生物化学和医学领域都扮演了非常重要的角色。

鲍林是一位勇敢的反核斗士，于1962年获得诺贝尔和平奖。他也是迄今为止唯一一位两度独自摘取诺贝尔奖桂冠的人。鲍林于1963年到加州民主学院研究中心工作，1967年到加州大学圣地亚哥分校化学系任职，1969~1974年在斯坦福大学工作。大约从1966年起，他一直致力于证明维生素C在使人类免患感冒和许多其他疾病如疱疹、癌症等方面的重要性。1994年8月19日，鲍林因癌症去世，享年93岁。

蔡　伦

蔡伦，字敬件，生活在东汉和帝时候。在蔡伦出生的几十年前，我国发生了一次大规模的农民起义。这次起义在一定程度上打击了封建统治，推动了社会生产力的发展。从东汉初年到汉和帝时期，农业和手工业都不断进步。社会经济的发展，对纸张的生产提出了更高的要求。

蔡伦从小就在皇官里当太监，担任职位较低的职务——小黄门，后来得到汉和帝信任，被提升为中常侍，参与国家的机密大事。他还做过管理宫廷用品的官——尚方令，监督工匠为皇室制造宝剑和其他各种器械，所以经常和工匠们接触。劳动人民的精湛技术和创造精神，对他影响很大。

当时，蔡伦看到大家写字很不方便，竹简和木简太笨重，丝帛大贵，丝绵纸不可能大量生产，都有缺点。于是，他就研究改进造纸的方法。蔡伦总结了前人造纸的经验，带领工匠们用树皮麻头、破布和破鱼网等原料来造纸。他们先把树皮、麻头、破布和破鱼网等东西剪碎或切断，放在水里浸一定的时间，再捣烂成浆状物，还可能经过蒸、煮，然后在席子上摊成薄片，放在太阳底下晒干，这样就变成纸了。用这种方法造出来的纸，体轻质薄，很适合写字，受到了人们的欢迎。东汉元兴元年，蔡伦把这个重大的成就报告了汉和帝，汉和帝赞扬了他一番。从此，全国各地都开始用这样的方法造纸。

造纸技术很复杂，不可能是某一个人凭空想出来的。事实上，在蔡伦之前，劳动人民已经用植物纤维来造纸了。所以，我们不能说纸是蔡伦发明的，但是也应该肯定蔡伦对改进造纸技术是有很大贡献的。蔡伦带领工匠改进造纸方法，造出了质量较高的纸。他提出用树皮、麻头、破布、破鱼网来做原料，也是造纸技术的一大进步。这些原料来源广泛，价钱便宜，有的还是废物利用，因此可以大量生产。至于用树皮做原料，更是一个新的发现。现代人用木浆造纸，就是蔡伦用树皮造纸的启发。

蔡伦改进造纸方法成功，这是人类文化史上一件大事。从此，纸才有可能大量生产，给以后书籍的印刷创造了物质条件。

张衡，字平子，公元78年出生在河南南阳西鄂（今南召县南）一个大户人家。祖父张堪曾做过蜀郡大守，可惜到了张衡出世时，家道已经逐渐衰落。贫困艰辛的生活、翻云覆雨的世态，造就了张衡从容淡静而又勤奋刻苦、勇于探索的个性。

少年时代的张衡，非常喜爱读书，凡是能够到手的书籍，不论是经书，还是文史、自然科学，无不细细研读。其涉猎范围之广，理解程度之深，都远远超过周围的同龄人。老人们夸他"焉所不学，亦何不师"，意思是说"没有他不愿学的知识，也没有他不想请教的老师"。在学馆里，张衡论年龄最小，论成绩却数他最优秀。张衡在我国天文学、机械技术、地震学的发展上作出了不可磨灭的贡献。由于他的贡献突出，联合国天文组织曾将太阳系中的1802号小行星命名为"张衡星"。

公元 111 年，汉安帝向天下广招人才。在京城任职的鲍德，向朝廷举荐张衡。张衡再三推辞，无奈他"通五经、贯六艺"的大名早已为安帝所知。安帝便亲自颁旨，任命张衡为太史令，主管天文历法，预报天象气候。张衡一来不好抗旨，二来考虑到这个职务还有利于自己继续钻研学问，于是便打点行装，到太史令府上任了。

当时，关于天体，人们还停留在初步认识的阶段，最流行的观点有二：持"盖天说"的人认为，大地是平的，天像一只巨大的碗，反扣在大地上面；而持"浑天说"的人却主张，大地就好比是蛋黄，天像蛋壳似的包在地的外面。张衡是坚定的"浑天说"派。为进一步证实自己的观点，他利用职务带来的得天独厚的研究条件，决定制造一个天体模型，把天地的构造以及日月星辰的运行情况，都用仪器显示出来，这样，就能直观而形象地说明那复杂的天文现象了。然而，要把抽象的思维变成一个能看得见、摸得着的实物，谈何容易？张衡没日没夜地设计、制作、实验、改进。功夫不负苦心人，天体模型于制造出来了：那是一个铜铸的球体，装在一个倾斜的轴上，可以旋转，样子和今天的地球仪大致相仿。铜球的周长 1 丈 4 尺 6 寸 1 分（合 4.87 米），直径 4 尺 6 寸 5 分（合 1.55 米），球面上刻着南北两极、经度纬度、赤道黄道及日月星辰，还有一个表示地平线的环。如果把铜球由西向东拨了一下，刻在上面的星辰便从东方升起，又从西边落下，和实际情形相差无几。这个天体模型，被张衡命名为"浑天仪"。它是世界上第一台能够比较准确地反映天象的仪器。

浑天仪的发明，不仅相当准确地反映了天象，使坚持"盖天论"的人改变了主张，心悦诚服，而且震动了整个学术界，被誉为"学术上罕见的奇迹"。

华 罗 庚

华罗庚,1910年11月12日出生于江苏省金坛县一个小商人家庭,父亲华瑞栋,开一间小杂货铺,母亲是一位贤惠的家庭妇女。

华罗庚出生时,父亲已经40岁。40岁得子,夫妻俩把儿子看成掌上明珠,为了给儿子祝福,一生下来就用两个箩筐扣住了他,华罗庚因此得名。

他12岁进入金坛县立初级中学学习,初一之后,便深深爱上了数学。一天,老师出了道"物不知其数"的算题。老师说,这是《孙子算经》中一道有名的算题:"今有物不知其数,三三数之剩二,五五数之剩三,七七数之剩二,问物几何?""23!"老师的话音刚落,华罗庚的答案就脱口而出。当时的华罗庚并未学过《孙子算经》,他是用如下妙法思考的:

"三三数之剩二，七七数之剩二，余数都是二，此数可能是3×7+2=23，用5除之恰余3，所以23就是所求之数。"

华罗庚不承认自己是天才。

1925年初中毕业后，因家境贫寒，无力进入高中学习，只好到黄炎培在上海创办的中华职业学校学习会计，为的是能谋个会计之类的职业养家糊口。不到一年，由于生活费用昂贵，被迫中途辍学，回到金坛帮助父亲料理杂货铺。在单调的站柜台生活中，他开始自学数学。他回家乡一面帮助父亲在"乾生泰"这个只有一间小门面的杂货店里干活、记账，一面继续钻研数学。回忆当时他刻苦自学的情景，他的姐姐华莲青说："尽管是冬天，罗庚依然在账台上看他的数学书。鼻涕流下时，他用左手在鼻子上一抹，往旁边一甩，没有甩掉，就这样伸着，右手还在不停地写……"

华罗庚一生为我们留下了10部专著：《堆垒素数论》、《指数和的估价及其在数论中的应用》、《多复变函数论中的典型域的调和分析》、《数论导引》、《典型群》（与万哲先合著）、《从单位圆谈起》、《数论在近似分析中的应用》（与王元合著）、《二阶两个自变数两个未知函数的常系数线性偏微分方程组》（与他人合著）、《优选学》及《计划经济范围最优化的数学理论》，其中八部为国外翻译出版，已列入20世纪数学的经典著作之列。此外，还有学术论文150余篇，科普作品《优选法评话及其补充》、《统筹法评话及补充》等，辑为

《华罗庚科普著作选集》。

在代数方面，证明了历史长久遗留的一维射影几何的基本定理；给出了体的正规子体一定包含在它的中心之中这个结果的一个简单而直接的证明，被称为嘉当—布饶尔—华定理。

其专著《堆垒素数论》系统地总结、发展与改进了哈代与李特尔伍德圆法、维诺格拉多夫三角和估计方法及他本人的方法，发表40余年来其主要结果仍居世界领先地位，先后被译为俄文、匈文、日文、德文、英文出版，成为20世纪经典数论著作之一。

其专著《多个复变典型域上的调和分析》以精密的分析和矩阵技巧，结合群表示论，具体给出了典型域的完整正交系，从而给出了柯西与泊松核的表达式。这项工作在调和分析、复分析、微分方程等研究中有着广泛深入的影响，曾获中国自然科学奖一等奖。

李 四 光

李四光，字仲拱，原名李仲揆，1889年10月26日出生于湖北省黄冈县一个贫寒人家。他自幼就读于其父李卓侯执教的私塾，14岁那年告别父母，独自一人来到武昌报考高等小学堂。在填写报名单时，他误将姓名栏当成年龄栏，写下了"十四"两个字，随即灵机一动将"十"改成"李"，后面又加了个"光"字，从此便以"李四光"传名于世。李四光热爱地质科学，从事科学研究，一向是一丝不苟，对学生的要求也是严格的，连走路，也要学生练好基本功。他经常对学生说，搞地质经常到野外去工作，脚步就是测量土地、计算岩石的尺子，要求迈出的每一步的距离都要相等，并且要记住自己每一步的步长。李四光要求学生做的，自己首先做到。他养成了一个习惯，走路不紧不慢，步子大小相等，迈一步就是0.85米。不论到哪儿，他仿佛老在度量距离。李四光搞科研，每天总是要到街上路灯通明时分，才骑着自行车回家；爱人总是焦急地等待着他回来吃饭。繁忙时，李四光连回家吃饭也忘了，爱人等急了，只得派女儿去叫他。他正在凝神思考时，偶尔抬眼，瞅见一个小女孩静悄悄地站在桌边，他未加理会，又低头继续写作，并轻声催道："你是谁家的小姑娘啊？天这么晚了，快回家吧，不然你妈妈该等着急啦！"这时，只听见小女孩埋怨说："爸爸，妈妈不是等我着急，是等你在着急呢！"李四光听到孩子叫他，才恍然大悟：原来这小女孩是自己的女儿李林。他不由得笑出声来，忙答道："这就回家，这就回家。"

李四光的最大贡献是创立了地质力学，并以力学的观点研究地壳运动现象，探索地质运动与矿产分布规律，新华夏构造体系的特点，分析了我国的地质条件，说明中国的陆地一定有石油。从理论上推翻了中国贫油的结论，肯定中国具有良好的储油条件。毛泽东、周恩来在认真听取了汇报后，支持了他的观点，并根据他的建议，在松辽平原、华北平原开始了大规模的石油普查。1956年，他亲自主持石油普查勘探工作，在很短时间里，先后发现了大庆、胜利、大港、华北、江汉等油田，为中国石油工业建立了不朽的功勋。从50年代后期至60年代，勘探部门相继找到了大庆油田、大港油田、胜利油田、华北油田等大油田，在国家建设急需能源的时候，使滚滚石油冒了出来。这样，不仅摘掉了"中国贫油"的帽子，也使李四光独创的地质力学理论得到了最有力的证明。

钱 学 森

钱学森,著名科学家、物理学家。我国近代力学事业的奠基人之一。在空气动力学、航空工程、喷气推进、工程控制论、物理力学等技术科学领域做出许多开创性贡献。

1935年8月,钱学森作为一名公费留学生赴美国学习和研究航空工程和空气动力学,经过十多年的努力奋斗,他成了当时世界一流的火箭专家。在"二战"期间,他与其导师冯·卡门参与了当时美国绝密的"曼哈顿工程"——导弹核武器的研制开发工程,是美国屈指可数的杰出人才。他曾担任过加利福尼亚理工学院超音速实验室主任和古根罕喷气推进研究中心主任。

1949年10月1日五星红旗在天安门广场上空升起,新中国成立了。过了5天就是我国的传统节日——中秋节,这一天，钱学森夫妇和十几位中国留学生在一起欢度佳节，他们边赏月边倾诉情怀，深为祖国的新生而欢欣，并对祖国的美好前景充满着憧憬。就在此时，钱学森心中萌发了一个强烈的愿望：早日回归祖国，用自己的专长为国家建设服务。

不久，美国在朝鲜发动战争，在国内也利用反动的麦卡锡法，掀起一股驱使雇员效忠美国政府的反共逆流，这股逆流也波及到了加利福尼亚理工学院。由于学院马列主义小组书记威因鲍姆被捕，美国联邦调查局的怀疑落到钱学森的身上。1950年7月，美国政府决定取消钱学森参加机密研究的资格，理由是他与威因鲍姆有朋友关系，并指控钱学森是美国共产党党员，非法入境。这些无端的指控均被钱学森一一驳回。但是，钱学森无法忍受这一切，决定以探亲为理由立即返回自己的祖国。他会见主管他研究工作的美国海军次长金布尔时，向金布尔严正声明他要立即动身回国。他说："我宁愿回中国老家去，也不愿在受人怀疑的情况下继续留居美国！"金布尔听后大为震惊，他认为钱学森无论放在哪里都抵得上五个师。还说："我宁可把他枪毙了，也不让这个家伙离开美国！"所以当钱学森一走出他的办公室，金布尔马上通知了移民局。

毫不知情的钱学森做好了回国的一切准备，办理好回国手续，买好从加拿大飞往香港的飞机票，把行李也交给搬运公司装运。然而，就在他们举家打算离开洛杉矶的前两天，他突然收到移民局的通知——不准全家离开美国。与此同时，美国海

关扣留了钱学森的全部行李。这样，钱学森被迫回到了加利福尼亚理工学院。此后，联邦调查局派人监视他的全家和他的所有行动。

1950年9月6日，钱学森突然遭到联邦调查局的非法拘留，他被送到移民局看守所关押起来。在看守所，钱学森像罪犯似的受到种种折磨。然而，钱学森挚爱祖国的赤子之心不仅没有消失，反而更加炽热。他日夜思念着新中国，他坚持斗争，不断地向移民局提出回国的要求。

钱学森返回祖国的斗争，得到祖国的关怀和支持。钱学森在美国受到迫害和诬陷的消息使新中国震惊了，国内科学界的人士纷纷通过各种途径声援钱学森。党中央对钱学森在美国的处境也极为关注，中国政府公开发表声明，谴责美国政府在违背本人意愿的情况下监禁钱学森，并且通过外交手段，成功将钱学森接回了祖国。

竺 可 桢

竺可桢,中国现代科学史上一位很有影响的科学家。他不仅是中国地理学、气象学的一代宗师,中国科技界、教育界的一面旗帜,而且也是为党的事业奋斗终生的先锋战士。

1918年,竺可桢从美国哈佛大学取得博士学位后回国,于1921年在东南大学创办了我国第一个地学系,为我国培养了一批地学科研人才。1928年,他又创建了我国第一个气象研究所,并自任所长。从此,由外国人长期垄断的我国气象预报权回到了中国人手里。

1936年,竺可桢出任国立浙江大学校长。在国民党统治时期,绝大多数国立大学校长都是国民党员,但是竺可桢坚决不入国民党。他以自己从事科学教育事业而自执清高,主张"人性本善"、"贤人政治",提出要拯救中国,只有以"爱"

为出发点才行。然而，1947年在浙江大学发生的几起进步学生和教职工被害案件，特别是学生于子三被害的血案，震动了竺可桢"清高"、"人性本善"的理想，他对国民党由期望变为观望，由观望变为绝望，转而同情、支持中国共产党。

新中国成立后，竺可桢担任了中国科学院副院长。他为百废待兴的新中国建立了许多个"第一"：第一个由多学科专家组成的自然资源保护和利用研究机构——中科院综合考察委员会；第一批研究和治理沙荒的机构——宁夏沙坡头、甘肃民勤、陕西榆林等固沙试验站；第一批研究冰川、海洋的科研机构——新疆天山冰川观测试验站、兰州冰川冻土沙漠研究所、青岛海洋研究所；第一艘科学考察船——"金星号"海洋科学考察船。竺可桢在整理几十年观测记录的基础上，写出了我国第一部物候学专著——《物候学》。他还写了大量的科普文章，其中的《向沙漠进军》至今仍然是中学课本的保留篇目。

新中国国民经济和科技事业的迅速恢复和发展，给竺可桢以极大鼓舞。在党组织的帮助和教育下，竺可桢积极靠拢党组织，并于1958年3月8日正式向中科院党组织递交了入党申请书。他在入党申请书中写道：要把自己的一切力量贡献给祖国的社会主义事业，争取做到：一、全心全意服从党的领导；二、认真学习马克思主义，推进人民的科学事业；三、努力改造自己，争取成为工人阶级知识分子。

在担任中国科学院副院长期间，竺可桢十分注意在工作中贯彻党的路线方针政策，始终把人民群众的切身利益放在首位，因而在中国科学院乃至整个科学界都享有很高的声誉和威望。在党组织的帮助、教育下，他逐步具备了共产党员的条件。1962年6月4日，经张劲夫和郁文的介绍，中国科学院办公厅秘书处党支部召开支部大会，讨论并通过了竺可桢的入党申请。71岁高龄的竺可桢终于成为了一名光荣的中国共产党预备党员。

竺可桢的入党，在当时的科技界和教育界中产生了极大的反响，许多高级知识分子纷纷向党组织靠拢，并提出入党申请，其政治影响极为深远。但是，最直接受到鞭策的还是竺可桢本人。他在入党后不久，于1962年10月1日在《红旗》杂志上发表文章说："科学在我们祖国已经生根。这是我们在解放以前所深切的期望，数十年梦寐求之而不可得的，今日竟然成为我们眼前的现实，怎能不欢欣鼓舞呢？"竺可桢乘着加入中国共产党的东风，决心积极贡献自己的一份力量。他把自己比喻为一颗永不生锈的螺丝钉，"老老实实地尽力而为之，所谓一息尚存此志不容稍懈。"

入党后的竺可桢，不但在工作中严于律己，时时处处为他人做出表率，在生活上对自己要求也非常严格。1966年以前，他主动要求放弃国家每月给自己的学部委员津贴100元，还把自己在20世纪20年代购买的私人房产上交给国家，甚至连解放前出国考察费用的结余，存在国外银行的近5 000美元设法收回后也一并上交给国家。"文革"开始后,从 1966 年 8 月开始,他主动减薪 1/3,直到 1974 年 2 月逝世时止,共计 12 000 余元全部以"竺薪"的名义作为党费上交给组织。这些都充分体现了竺可桢这位自称为"螺丝钉"的共产党员的无私品质和高尚情操。

袁 隆 平

袁隆平，平头小脸，其貌不扬，土里土气。你想不到他是中国"杂交水稻之父"。而正是这个显得有些平凡和土气的老头，以自己不懈的努力和才华，在古老的土地上创造了非凡的奇迹——目前在我国，有一半的稻田里播种着他培育的杂交水稻，每年收获的稻谷60%源自他培育的杂交水稻种子。

"知识+汗水+机遇+灵感=成功"是他一生的缩写。

机遇只偏爱有准备的头脑。从一棵天然杂交稻开始，袁隆平开创了水稻育种的新历史。作为"杂交水稻之父"，他是中国的英雄，也是有着世界性贡献的杰出科学家，他获得的一系列国际奖励可资证明。若回答"下个世纪谁来养活中国人"？没有哪位科学家比袁隆平更有资格回答了。

为了杂交水稻，袁隆平几乎奉献了自己的一切。在研究的初期阶段，为了获得一株必需的水稻天然雄性不育株，他和新婚妻子一起，在1964~1965年连续两年的酷暑季节顶着烈日大海捞针般地寻觅在安江农校实习农场和附近生产队的稻田里，在前后共检查了4个常规水稻品种的14 000多个稻穗后，终于找到了6株雄性不育的植株。身体的劳累还在其次，学术界权威的质疑与反对，使袁隆平承受着巨大的舆论压力。当时学术界流行的经典遗传学观点认为，水稻是自花授粉作物，经过长期的自然选择和人工选择，许多不良的因子已经被淘汰，积累下来的多是优良的因子，所以自交不会退化，杂交也不会产生优势，从而断言搞杂交水稻没有前途，甚至说研究杂交水稻是"对遗传学的无知"。然而无论是科学道路上的挫折、失败，还是人为的干扰、破坏，所有的磨难都无法动摇袁隆平执着的梦想。他坚信实践才是真正的权威，火热的生命加上知识的力量能够改变一切。

1966年，经过两个春秋的艰苦试验，对水稻雄性不育株有了较多的感性认识后，袁隆平把获得的科学数据进行理性的分析整理，撰写出首篇重要论文——《水稻的雄性不孕性》在中国科学院出版的权威杂志《科学通讯》第四期发表。这篇论文的发表，标志着在国内开了杂交水稻研究的先河，这不仅是一个普通意义上的水稻育种课题的启动，而且开创了一个划时代的崭新的研究领域。在随后的三十多年间，他在杂交水稻这个领域始终保持着世界领先地位，他的研究成果一个接一个，他创造的杂交水稻神话一个接一个。从1976~1999年，我国累计推广种植杂交水稻35亿亩，增产稻谷3 500亿公斤，相当于解决了3 500万人口的吃饭问题，确保了我国以仅占世界7%的耕地，养活了占世界22%的人口。

袁隆平用知识在中国古老的土地上，圆了华夏民族几千年都在渴盼的梦想，写下了一个震惊世界的神话。